Integration

Robert Chr. van Ooyen

Integration

Die antidemokratische Staatstheorie
von Rudolf Smend im politischen
System der Bundesrepublik

 Springer VS

Robert Chr. van Ooyen
Berlin, Deutschland

ISBN 978-3-658-03661-4   ISBN 978-3-658-03662-1 (eBook)
DOI 10.1007/978-3-658-03662-1

Die Deutsche Nationalbibliothek verzeichnet diese Publikation in der Deutschen Natio-
nalbibliografie; detaillierte bibliografische Daten sind im Internet über http://dnb.d-nb.de
abrufbar.

Springer VS
© Springer Fachmedien Wiesbaden 2014

Lektorat: Verena Metzger, Monika Mülhausen

Gedruckt auf säurefreiem und chlorfrei gebleichtem Papier

Springer VS ist eine Marke von Springer DE. Springer DE ist Teil der Fachverlagsgruppe
Springer Science+Business Media.
www.springer-vs.de

Für
Iri van Ooyen

Vorbemerkung

In Deutschland ist der Mensch immer „Mit-": Mitbewohner(in) – Mitarbeiter(in) – Mitmensch – vor allem aber im politischen Sinne: Mitbürger(in) – als ob „Bürger/in-Sein" einfach nicht ausreichte. Sprache ist verräterisch und deutet so schon im Alltagsgebrauch auf ein kollektivistisches und nicht individualistisches Verständnis hin: Gemeinschaft statt Gesellschaft.

Genauso verhält es sich mit dem hierzu korrespondierenden Gemeinschaftsbegriff der „Integration". In Deutschland muss immer alles „integriert" werden: „Ausländer", „Behinderte", „sozial Schwache" usw.; der Bundespräsident hat eine „Integrationsfunktion" und auch das Verfassungsgericht soll „integrieren": Harmonie statt Konflikt, homogene Einheit des „Volkes" und des „Staates" statt pluralistische Vielfalt der Gesellschaft und ihrer Institutionen, die bisweilen – etwa bei der Debatte um Zuwanderung und Staatsangehörigkeit – ins Völkische abzurutschen droht.

Dieses Gemeinschaftsdenken ist wirkmächtig in der politischen Kultur, sodass schon in der Weimarer Zeit eine ganze Staats- und Verfassungstheorie hiernach entstand: die Integrationslehre von Rudolf Smend. In der Bundesrepublik avancierte sie – auch mittels einflussreicher Schüler – zu einer fast „offiziellen" Verfassungsdoktrin, die bis heute auf den politischen und staatsrechtlichen Diskurs wirkt; das, obwohl sie ursprünglich im Lager der Gegner der parlamentarischen Parteiendemokratie zu verorten war und ihr deutschnationaler Verfasser zur Weimarer Zeit durchaus von der „Integrationsleistung" des italienischen Faschismus fasziniert schien.

Die vorliegende Abhandlung stellt keine systematische Monografie zur Integrationslehre dar. Es handelt sich vielmehr um eine Sammlung meiner Kritik an Smend, die in verschiedenen Kontexten und aus unterschiedlichen Anlässen entstand: aus der grundständigen Beschäftigung mit den politischen Theorien von

Hans Kelsen und Carl Schmitt[1] sowie der Stellung des Bundesverfassungsgerichts im Regierungssystem[2] und den politischen Implikationen von Recht und Verfassung[3]; schließlich aber auch aus tagespolitischen Ärgernissen heraus, weil zum einen das Amt des Bundespräsidenten parteiübergreifend immer noch als integrierender „Ersatzkaiser" überhöht wird[4]; zum anderen, weil die Debatte um Zuwanderung – wiederum parteiübergreifend – mit dem Integrationsbegriff die Ausländerfeindlichkeit des Rechtsextremismus[5] selbst reproduziert. Vor diesem Hintergrund möge mir man einzelne Wiederholungen im Buch nachsehen.

RvO   Berlin und Lübeck, Juli 2013

---

1   Vgl. hierzu meine Arbeiten: Der Staat der Moderne. Hans Kelsens Pluralismustheorie, Berlin 2003; (Doppel-)Staat und Gruppeninteressen. Pluralismus – Parlamentarismus – Schmitt-Kritik bei Ernst Fraenkel, Baden-Baden 2009; Hans Kelsen und die offene Gesellschaft, Wiesbaden 2010.
2   Vgl. Der Begriff des Politischen des Bundesverfassungsgerichts, Berlin 2005; Das Bundesverfassungsgericht im politischen System, Wiesbaden 2006; Die Staatstheorie des Bundesverfassungsgerichts und Europa, 4. Aufl, Baden-Baden 2011.
3   Politik und Verfassung, Wiesbaden 2006; Verfassungsrealismus, Baden-Baden 2007; Kritische Verfassungspolitologie, Baden-Baden 2011.
4   Vgl. Der Bundespräsident im politischen System, Wiesbaden 2012.
5   Vgl. Öffentliche Sicherheit und Freiheit, 2. Aufl., Baden-Baden 2013.

Inhalt

Abkürzungen

a. A.	anderer Ansicht
AöR	Archiv des öffentlichen Rechts
APuZ	Aus Politik und Zeitgeschichte
ArchSuS	Archiv für Sozialwissenschaft und Sozialpolitik
ARSP	Archiv für Rechts- und Sozialphilosophie
DZPh	Deutsche Zeitschrift für Philosophie
EJIL	European Journal of International Law
FAZ	Frankfurter Allgemeine Zeitung
FR	Frankfurter Rundschau
FS	Festschrift
GGK	Grundgesetz Kommentar
HB	Handbuch
IFS	Institut für Staatswissenschaften der Universität der Bundeswehr München
JJZG	Jahrbuch Juristische Zeitgeschichte
JoJZG	Journal Juristische Zeitgeschichte
JöR	Jahrbuch des öffentlichen Rechts
KJ	Kritische Justiz
MPI	Max Planck Institut
PVS	Politische Vierteljahresschrift
Rnr	Randnummer
RuP	Recht und Politik
SHKI	Schriftenreihe Hans Kelsen-Institut
Sp	Spalte
ZfP	Zeitschrift für Politik
ZParl	Zeitschrift für Parlamentsfragen

ZPol	Zeitschrift für Politikwissenschaft
ZöR	Zeitschrift für öffentliches Recht
ZRP	Zeitschrift für Rechtspolitik

Einführung

Die Integrationslehre von Rudolf Smend und das Geheimnis ihres Erfolgs in Staatslehre und politischer Kultur nach 1945

Der Begriff der Integration ist in der deutschen öffentlichen Diskussion allgegenwärtig: so müssen die Ausländer „integriert" werden[1] und ebenso die „Behinderten"[2], dem Bundesverfassungsgericht kommt eine „Integrationsfunktion" zu und im Regierungssystem soll vor allem der Bundespräsident „integrieren"[3]. Das scheint so selbstverständlich, dass auf den Entstehungskontext des staatstheoretischen Integrationsbegriffs in der Weimarer Staatslehre eher selten hingewiesen wird. Fast nie findet sich aber der Verweis, dass die zur Weimarer Zeit entwickelte Integrationslehre von Rudolf Smend antipluralistische und antiparlamentarische Implikationen enthielt, die den heutigen Rückgriff hierauf aus demokratischer Sicht höchst problematisch erscheinen lassen.

Woher rührt nun der Rezeptionserfolg der Smendschen Lehre angesichts ihrer in Weimar bekannten antidemokratischen Implikationen? Wäre nicht ein Anknüpfen an die die Wiener und Weimarer Republiken verteidigende Staats- und Demokratietheorie Kelsens[4] gerade für den demokratischen Aufbau der Bundesrepublik viel naheliegender gewesen? Aus theoretischer Sicht ist das sicherlich

---

1 Vgl. m. w. N. Teil II 4: Demokratische Partizipation statt „Integration".
2 Vgl. Dahesch, Keyvan: In Deutschland ist es immer noch nicht normal, verschieden zu sein. Zur Situation von Menschen mit Behinderungen; in: FR vom 29. 11. 2000 (Dokumentation).
3 So schon von Gerhard Leibholz (im Statusbericht des BVerfG) bis Jutta Limbach; vgl. m. w. N. van Ooyen: Der Begriff des Politischen des Bundesverfassungsgerichts, Berlin 2005; Teil II 1: Der Bundespräsident: „Integrationsfunktion" und Direktwahl?; Schwarz, Hans-Peter: Von Heuss bis Herzog. Die Entwicklung des Amtes im Vergleich der Amtsinhaber; in: APuZ 20/1999, S. 3 ff.
4 Vgl. m. w. N. van Ooyen: Der Staat der Moderne. Hans Kelsens Pluralismustheorie, Berlin 2003; Normative Staatslehre in pluralismustheoretischer Absicht: Hans Kelsens Verfassungstheorie der offenen Gesellschaft; in: Vormbaum, Thomas (Hg.): JJZG 2005/2006 (Bd. 7), S. 239 ff.; aktuell: Brunkhorst, Hauke/Voigt, Rüdiger (Hg.): Rechts-Staat. Recht, internationale Gemeinschaft und Völkerrecht bei Hans Kelsen, Baden-Baden 2008.

zutreffend, aber der der Sozialdemokratie nahestehende Kelsen wirkte aufgrund
seiner bahnbrechend-modernen, radikal-positivistischen Rechtslehre und pluralistischen Demokratietheorie in Deutschland schon in Weimar kaum schulenbil-
dend, sodass er selbst im (kleinen) Lager der liberal-demokratischen Staatsrechtler ein Außenseiter blieb. Denn Kelsen stellte schon zu dieser Zeit etwas radikal
infrage, was gerade in der Tradition der deutschen Staatslehre undenkbar schien
zu hinterfragen: nämlich den „Staat" – (und auch das „Volk") – als existierend
vorausgesetzte, als eine überindividuelle „apriori vorhandene Wesenheit"[5]. Nach
1945 kehrte Kelsen, nach seinen zahlreichen Ortswechseln seit 1933 von Köln über
Genf, Prag und Harvard zudem nicht mehr aus dem Exil zurück, sondern blieb,
inzwischen fortgeschrittenen Alters, in seiner neuen kalifornischen Wahlheimat
am Political Science Department der Universität Berkeley[6]. Auch weitere, durch
die NS-Diktatur in die Emigration getriebene republikanische Staatsrechtler der
jüngeren „2. Generation" waren hinsichtlich einer Schulenbildung in der Staatsrechtslehre eher randständig, etwa weil sie – wie Ernst Fraenkel – gleich in die
„neue" Politikwissenschaft abwanderten[7] bzw. – wie im Falle des Politikwissen-
schaftlers und Staatsrechtlers Karl Loewenstein – zudem gar nicht mehr dauerhaft nach Deutschland zurückkehrten[8]. Über diese Abwesenheit liberal-demokra-
tischer Persönlichkeiten hinaus war die deutsche Staatslehre nach 1945 über Jahre
von einem wahren antipositivistischen Reiz-Reflex-Schema dominiert, das selbst
einen „Wertrelativisten" wie Gustav Radbruch die Schuld am Scheitern Weimars
und der folgenden NS-Diktatur dem Rechtspositivismus in die Schuhe schieben
ließ. Das fiel angesichts der personellen Kontinuität der Staatslehre nach 1945[9] auf
fruchtbaren Boden, ließ sich doch hinsichtlich des Versagens des Faches in der
Diktatur hiermit zugleich auch ein gutes Stück Exkulpation in eigener Sache be-
treiben. Schließlich war auch der letzte der großen „Weimarer Vier", Hermann
Heller, ein (früh verstorbener[10]) „Emigrant und bekennender Sozialdemokrat" –

5   Roehrssen, Carlo: Die Kelsensche Auffassung vom Recht als ein Ausruck der modernen so-
     zio-politischen Struktur; in: Der Staat, 1982, S. 232.
6   Vgl. Kelsen: Autobiographie (1947); in: Hans Kelsen Werke, Bd. 1, Tübingen 2007, S. 29 ff.;
     zur Thematik insgesamt vgl. Stieffel, Ernst C./Mecklenburg, Frank: Deutsche Juristen im
     amerikanischen Exil (1933–1950), Tübingen 1991; Söllner, Alfons: Deutsche Politikwissen-
     schaftler in der Emigration, Wiesbaden 1996.
7   Zu Fraenkel vgl. aktuell van Ooyen/Möllers, Martin (Hg.): Der Staat der Gruppeninteressen:
     Pluralismus – Parlamentarismus – Schmitt-Kritik bei Ernst Fraenkel, Baden-Baden 2008.
8   Zu der politikwissenschaftlich ausgerichteten Verfassungslehre von Loewenstein vgl. van
     Ooyen (Hg.): Verfassungsrealismus. Das Staatsverständnis von Karl Loewenstein, Baden-
     Baden 2007.
9   Vgl. von Bülow, Birgit: Die Staatsrechtslehre der Nachkriegszeit (1945–1952), Berlin – Baden-
     Baden 1996.
10 1934, an den Strapazen seiner Flucht.

„zwei Eigenschaften zu viel, um in der Staatsrechtslehrergemeinschaft fortzuwirken, in der es, von ganz wenigen Ausnahmen abgesehen, weder Remigranten noch Sozialdemokraten" gab"[11]. In der konservativ ausgerichteten Staatslehre blieb so selbst die antipositivistische Theorie des sozialen Demokraten Heller nicht anschlussfähig. Es sei denn, dass ein „inzwischen entpolitisierter Heller… zum ideologisch unverdächtigen Staatstheoretiker"[12] avancierte, etwa um in der Rechtsprechung des Bundesverfassungsgerichts Positionen mit großer ideologischer Nähe zu den problematischen Lehren von Carl Schmitt zu camouflieren[13].

So waren nur noch Schmitt und Smend übrig, deren in Weimar so erfolgreiche Lehren zu einem großen Teil überhaupt als Reflex auf Kelsen entstanden waren und deren Schulen sich nach 1945 nun erbittert bekämpften. Dabei setzte sich die „Smend-Schule" als regelrechte „offizielle" Staatsdoktrin durch – dies nicht zuletzt aufgrund des wirkmächtigen Einflusses ihr nahestehender Verfassungsrichter wie Gerhard Leibholz und Konrad Hesse[14]. Vor diesem Hintergrund er-

---

11 Lepsius, Oliver: Die Wiederentdeckung Weimars durch die bundesdeutsche Staatsrechtslehre; in: Gusy, Christoph (Hg.): Weimars lange Schatten – „Weimar" als Argument nach 1945, Baden-Baden 2003, S. 366 f. Mit Ausnahme des späteren Verfassungsrichters Martin Drath gab es keine direkten „Heller-Schüler"; zu Drath vgl. aktuell Baldus, Manfred: Wer war und wofür steht Martin Drath?; in: RuP, 2/2007, S. 86 ff.

12 Lepsius, ebd., S. 369.

13 Schmitt wirkte insofern immer „subkutan" in der Staatsrechtslehre und Verfassungsrechtsprechung fort; vgl. van Ooyen: Homogenes Staatsvolk statt europäische Bürgerschaft: Das Bundesverfassungsgericht zitiert Heller, meint Schmitt und verwirft Kelsens postnationales Konzept demokratischer Rechtsgenossenschaft; in: Llanque, Marcus (Hg.): Souveräne Demokratie und soziale Homogenität. Das politische Denken Hermann Hellers, Baden-Baden 2010, S. 261 ff.; ders.: Die Staatstheorie des Bundesverfassungsgerichts und Europa, 4. Aufl., Baden-Baden 2011; ders.: „Volksdemokratie" und „Präsidialisierung" – Schmitt-Rezeption im liberal-konservativen Etatismus: Herzog – von Arnim – Böckenförde; in: Voigt, Rüdiger (Hg.): Der Staat des Dezisionismus. Carl Schmitt in der internationalen Debatte, Baden-Baden 2007, S. 39 ff.

14 Zu den Einflüssen und auch „Amalgamierungen" vgl. m. w. N.: Wiegandt, Manfred H.: Norm und Wirklichkeit. Gerhard Leibholz (1901–1982) – Leben, Werk und Richteramt, Baden-Baden 1995; van Ooyen: Die Parteienstaatslehre von Gerhard Leibholz. Eine Kritik; in: Vormbaum (Hg.): JJZG 2006/2007 (Bd. 8), Berlin 2007, S. 359 ff.; Günther, Frieder: Wer beeinflusst hier wen? Die westdeutsche Staatsrechtslehre und das Bundesverfassungsgericht während der 1950er und 1960er Jahre; Henne, Thomas: ,Smend' oder ,Hennis' – Bedeutung, Rezeption und Problematik der ,Lüth-Entscheidung' des Bundesverfassungsgerichts von 1958; beide in: van Ooyen/Möllers (Hg.): Das Bundesverfassungsgericht im politischen System, Wiesbaden 2006, S. 129 ff. bzw. S. 141 ff.; van Ooyen: Der Begriff des Politischen des Bundesverfassungsgerichts, aaO; Henne, Thomas/Riedlinger, Arne (Hg.): Das Lüth-Urteil aus (rechts-) historischer Sicht, Berlin 2005; Krausnick, Daniel: Staatliche Integration und Desintegration durch Grundrechtsinterpretation: Die Rechtsprechung des Bundesverfassungsgerichts im Lichte der Integrationslehre Rudolf Smends; in: Lhotta, Roland (Hg.): Die Integration des modernen Staates. Zur Aktualität der Integrationslehre von Rudolf Smend, Baden-Baden 2005, S. 135 ff.; Oeter, Stefan: Integration und Subsidiarität im deutschen Bundesstaat. Unter-

hält eine jüngst von Frieder Günther publizierte zeitgeschichtliche Arbeit[15] zur
„Westernisierung" der Bundesrepublik ihre besondere Relevanz[16]. Günther geht
der Frage nach, inwieweit die Staatsrechtslehre nach 1949 sich von ihrem etatistischen, antiliberalen und antiparlamentarischen Traditionsbestand – also vom
Staatsbegriff als Substanzbegriff in der Folge Hegels – löste und sich für das „westliche" Verständnis von „government", Verfassung und pluralistischer Gesellschaft
öffnete. Im Vordergrund stehen die einflussreichen „Schulen" um Carl Schmitt
und Rudolf Smend bis in die „zweite Generation", die den staatsrechtlichen Diskurs der 50er und 60er Jahre beherrschten. Dabei wird rekonstruiert, wie Wissenschaft als sozialer Prozess in „Denk- und Handlungskollektiven" funktioniert, wie
deren Mitglieder sich in der Formulierung von – bisweilen taktisch bestimmten –
wissenschaftlichen Positionen, bei Berufungen an Universitäten, Publikationen
und Zeitschriftgründungen (z. B. „Der Staat") netzwerkartig unterstützen und
gegen die „anderen" abgrenzen. Es zeigt sich, dass im Gegensatz zur „neu" gegründeten Politikwissenschaft sich der radikale Bruch mit dem Traditionsbestand
in der Staatsrechtslehre mehrheitlich erst ab Mitte der 60er Jahre vollzogen hat,
und zwar vorwiegend als „reaktiver" Anpassungsprozess an einen nicht zu verhindernden gesamtgesellschaftlichen Trend. Wesentlich beeinflusst wurde dieser Prozess durch die Tatsache, dass im Unterschied zu Weimar grundlegende
staatstheoretische Kontroversen aufgrund der Dominanz der Rechtsprechung
durch das neue Bundesverfassungsgericht zugunsten der Lösung konkreter verfassungsrechtlicher Fragen sukzessive in den Hintergrund gedrängt wurden. Auch
dem Generationenwechsel kam erhebliche Bedeutung zu, der die ältere Generation vielleicht mit Ausnahme des „wandlungsfähigen" Ulrich Scheuner im Laufe
der Zeit bald als „Fossil" erscheinen ließ (z. B. Ernst Forsthoff, Herbert Krüger),
während sich die nachfolgende zweite „Schülergeneration" selbst in den Reihen

suchungen zur Bundesstaatstheorie unter dem Grundgesetz, Tübingen 1998; Korioth, Stefan:
Integration und Bundesstaat. Ein Beitrag zur Staats- und Verfassungslehre Rudolf Smends,
Berlin 1990.
15 Günther: Denken vom Staat her. Die bundesdeutsche Staatsrechtslehre zwischen Dezision
und Integration 1949–1970, München 2004.
16 In der Arbeit werden vor allem die Tagungen der Staatsrechtslehrervereinigung, zentrale
staatsrechtliche Publikationen und – im Wechselspiel hiermit durch die Binnenperspektive von Briefen besonders aufschlussreich – die bereits zugänglichen Nachlässe einzelner
Staatsrechtler (und zwar: Wolfgang Abendroth, Martin Drath, Friedrich Giese, Friedrich
Glum, Hermann Jahrhreiß, Walter Jellinek, Herbert Krüger, Gerhard Leibholz, Hermann
von Mangoldt, Hans Nawiasky, Hans Peters, Carl Schmitt, Roman Schnur, Adolf Schüle) so-
wie das Depositum von Horst Ehmke ausgewertet. Ergänzend führte Günther Interviews mit
Staatsrechtlern, die z. T. in die Kontroversen dieser Zeit noch selbst involviert waren bzw. als
„Schüler" noch miterlebt haben (Otto Bachof, Ernst-W. Böckenförde, Brun-O. Bryde, Horst
Ehmke, Martin Forsthoff, Peter Häberle, Peter Lerche, Hans Schneider).

der „Schmittianer" als flexibel erwies und nicht grundsätzlich an der Legitimität der neuen Verfassung mehr (ver)zweifelte[17]. Ausnahme hiervon, so Günther, bildete nur die „Smend-Schule", die nach 1945 jetzt mit Blick auf Amerika direkt zum „Westen" durchdrang und das neue Verständnis von pluralistischer Demokratie aktiv in den Fachdebatten und im Austausch mit der Politikwissenschaft (Ernst Fraenkel u. a.) zumeist gegen die „Schmitt-Schule" zu forcieren suchte. Diese „chamäleonhafte" Anpassung ist insofern erstaunlich, als dass die „Integrationslehre" zur Weimarer Zeit entgegen der von Smend selbst rückwärtig betriebenen „Verklärung" gerade kein Hort liberal-demokratischen Verständnisses gewesen ist, sondern ebenso fixiert war auf „Staat" und „Volk" als die die pluralistischen Interessensgegensätze verkleisternden „politischen Einheiten" von eigener Substanz. In diesem Punkt sowie in ihrer Gegnerschaft zum zumeist demokratisch ausgerichteten Positivismus war die Lehre Smends ursprünglich von der Schmitts ja gar nicht so weit entfernt. Doch Smend erwies sich bei weitem anschlussfähiger: In persönlicher Hinsicht ging Smend aus der Zeit der NS-Diktatur relativ unbeschädigt hervor, sodass er sich schon von daher viel besser als Anknüpfungspunkt eignete als die höchst kompromittierte „persona non grata" Carl Schmitt, der zusammen mit seiner ersten „Schülergeneration" überdies auch gar keinen Anschluss mehr finden wollte. Gegenüber dessen zahlreichen politisch-theologisch, radikal-antimodern positionierten Aussagen erwies sich aber die Integrationslehre inhaltlich als weitaus anpassungsfähiger – weil „inhaltsleerer" –, sodass das „neue Denken leichter „integriert" werden konnte[18]: Dass sich die Dinge verändern und das Gemeinwesen mit dem gemeinsamen Engagement von Bürgern/innen zu tun hat – diese zentrale dynamische „Offenheit" (oder polemisch formuliert: Banalität) des Integrationsbegriffs erklärt zu einem guten Teil den Rezeptionserfolg einer Lehre, die sich zuerst ohne weiteres für den Faschismus und nun eben für die bundesdeutsche Demokratie in den Dienst nehmen ließ.

Diese Flexibilität gab der neuen, machtvollen Institution der Verfassungsgerichtsbarkeit, die in der jungen Bundesrepublik nun die Staatsrechtslehre in ihrer Bedeutung wenn zwar nicht vollständig ersetzen aber doch zunehmend ablösen sollte, ein äußerst anpassungsfähiges Instrument der Auslegung an die Hand, da mit den Smendschen Leerformeln von „Integration", „Einheit", „Bundestreue",

---

17 Vgl. Schmitt: Ex Captivitate Salus, 2. Aufl., Berlin 2002; Glossarium. Aufzeichnungen der Jahre 1947–1951, Berlin 1991.

18 Der „Smend-Schüler" Wilhelm Hennis bemerkte rückblickend, dass Smend seinerzeit als ein „moderner Denker" empfunden worden sei, „nur deshalb zog er uns Junge im Göttingen nach 1945 ja so an"; Integration durch Verfassung? Rudolf Smend und die Zugänge zum Verfassungsproblem nach 50 Jahren unter dem Grundgesetz; in: Vorländer, Hans (Hg.): Integration durch Verfassung, Wiesbaden 2002, S. 269.

„Wertordnung" usw. genau das entschieden und (juristisch) camoufliert werden konnte, was (rechtspolitisch) gefiel[19].

Schließlich war die Integrationslehre in ihrem Impetus nach „Harmonie" (statt Konflikt), nach „Gemeinschaft" (statt Gesellschaft), nach „Homogenität" (statt Pluralismus), nach „Staat" als „Gottesdienst" tief in der deutschen politischen Kultur verankert[20].

So erfolgte die „Westernisierung" in der bundesdeutschen Staatsrechtslehre über die „Smend-Schule" unter völliger Ausblendung der positivistisch-machtrealistischen Staats- und Demokratietheorie von Hans Kelsen, obwohl ausgerechnet das Grundanliegen einer „westlichen" Lehre von Verfassung und Gesellschaft schon in den 20er Jahre mit dessen Entontologisierung der Substanzbegriffe „Staat" und „Volk" erreicht worden war. Doch Kelsens Programm einer am Pluralismus orientierten Verfassungstheorie der „offenen Gesellschaft" wäre nur um den Preis einer „Staatslehre ohne Staat" und einer Demokratietheorie ohne die mythische Einheit „Volk" zu haben gewesen[21]. Genau das aber ist im Unterschied etwa zum Politikverständnis in den USA in Deutschland nur schwer vorstellbar[22], da die in der politischen Kultur hier tradierten Werte von „Gemeinschaft" und „Obrigkeit" wirkmächtig geblieben sind[23]. Kurt Sontheimer hat diese – und ihren Einfluss auf die „offizielle" Staatsdoktrin – treffend u. a. wie folgt beschrieben:

---

19 Vgl. van Ooyen: Der Begriff des Politischen des Bundesverfassungsgerichts, aaO.

20 Vgl. Lhotta: Ethischer Institutionalismus und sittliche Pflicht: Der Schatten Hegels in der Integrationslehre; Korioth: Integration und staatsbürgerlicher Beruf: Zivilreligiöse und theologische Elemente staatlicher Integration bei Rudolf Smend; beide in: Lhotta, aaO, S. 91 ff. bzw. S. 113 ff.

21 Die häufig in polemischer Diktion gegen Kelsen gerichete Wendung der „Staatslehre ohne Staat" stammt ja von diesem selbst: Kelsen: Der soziologische und der juristische Staatsbegriff. Kritische Untersuchung des Verhältnisses von Staat und Recht, 2. Neudr. der 2. Aufl. von 1928, Aalen 1981, S. 208; zur Demokratietheorie vgl. m. w. N. van Ooyen: Der Staat der Moderne, aaO.

22 Und bis heute in der politischen Bildung nur schwer vermittelbar; vgl. schon Fraenkel: Ursprung und politische Bedeutung der Parlamentsverdrossenheit; in: Ders., Deutschland und die westlichen Demokratien, 2. erw. Aufl., Frankfurt a. M. 1990. S. 137 ff.; Patzelt, Werner J.: Die Deutschen und ihre politischen Missverständnisse; in: Breit, Gotthard (Hg.): Politische Kultur in Deutschland, 2. Aufl., Schwalbach/Ts, 2004, S. 89 ff.; Patzelt: Warum verachten die Deutschen ihr Parlament und lieben ihr Verfassungsgericht?; in: ZParl, 3/2005, S. 517 ff.

23 Und seit der deutschen Einheit infolge der autoritären, gemeinschaftsbezogenen und fremdenfeindlichen politischen Kultur der DDR wieder verstärkt worden sind; vgl. z. B. Poutru, Patrice u. a.: Historische Ursachen der Fremdenfeindlichkeit in den neuen Bundesländern; in: APuZ, 39/2000, S. 15 ff.

„Die etatistische Tradition

Unter den aus der Vergangenheit nachwirkenden Traditionen ist als erste die etatistische zu nennen… In Deutschland galt der Staat immer besonders viel. Hegel hatte ihn zur Wirklichkeit der sittlichen Idee erhoben, seine zahlreichen Epigonen sahen im Staat den Zuchtmeister der sonst ungeordneten Gesellschaft. Staat war die Inkarnation des Gemeinwohls, und obwohl auch der über den Parteien stehende Staat vor 1918 sehr wohl die Interessen der herrschenden Klasse wahrte, gelang es ihm, den Untertanen seine Politik als gemeinwohlorientiert darzustellen. Das deutsche politische Denken sah seit der Mitte des 19. Jahrhunderts die ungeformte Gesellschaft als einen Gegenspieler des geformten Staates. Es sah im Staat nicht die politische Organisation der Gesellschaft, sondern das unanfechtbare Instrument zur Sicherung und Ordnung der gesellschaftlichen Verhältnisse. Dementsprechend wurden die Werte der Zucht, der Pflicht und des Gehorsams stets höher eingeschätzt als die Freiheit, die Individualität, die Opposition. Aus dieser Einstellung erwuchs das Unbehagen an gesellschaftlicher Spontanität, die Schwierigkeit, Parteien und Interessenverbände anders zu begreifen denn als Manifestionen partikulärer Interessen, die sich gegen den Staat als Verkörperung des Allgemeininteresses richteten. Die konservative Kritik am Pluralismus wird im Prinzip immer noch durch diese deutsche Staatsideologie bestimmt. Sie sieht in der politischen Aktivität gesellschaftlicher Gruppen ein potentiell anarchistisches Element.

…

Die Romantik brachte dann den sozial zwar aufgeschlossenen, aber politisch nicht engagierten Bürger hervor, das idyllische Vorbild des unpolitischen Deutschen, der gleichwohl nicht reiner Individualist ist, sondern sich gern mit seinesgleichen zusammentut (Gemeinschaftsbewusstsein).

…

Die Tradition der Konfliktscheu

Das Gewicht der Tradition wird ferner sichtbar in dem Unvermögen der meisten Deutschen, im begrenzten und geregelten Konflikt ein Mittel produktiver Gesellschaftsgestaltung zu erblicken. Die Deutschen haben ihren Wunsch nach Harmonisierung, nach einem alle verbindenden Band nationaler Gemeinschaft, dem Interesse an fairer Konkurrenz und offenem Wettbewerb gerne übergeordnet"[24].

---

24 Sontheimer: Grundzüge des politischen Systems der Bundesrepublik Deutschland, 14. Aufl., München 1991, S. 123, 120 bzw. 126; vgl. auch van Ooyen; Der Staat – und kein Ende? Ein Literaturbericht; in: JöR 2006 (Bd. 54), S. 151ff.; mit Blick auf die Verfassungsrechtsprechung: Ders.: Der Begriff des Politischen des Bundesverfassungsgerichts, aaO; Alshut, Jörg: Der Staat in der Rechtsprechung des Bundesverfassungsgerichts, Berlin 1999.

Und so wird, wenn auch mittlerweile in verdünnter Form, munter weiter in die antipluralistischen Einheiten von Staat und Volk „integriert" – das ist das Geheimnis des Erfolgs der Intergrationslehre von Smend.

Teil I:
Antidemokratische Implikationen
der Integrationslehre: Smend vs. Kelsen

„Der Staat als Integration"? 1

1928 veröffentlichte Rudolf Smend seine Schrift „Verfassung und Verfassungs-recht", worin er nicht eine komplette Staats- oder Verfassungslehre, sondern bloß „staatstheoretische Voraussetzungen einer Verfassungslehre"[1] entwickelte. Die Arbeit zielte angesichts der „Krisis der Staatslehre"[2] auf die Überwindung der „fortschreitenden Entleerung", die aus Sicht Smends mit Kelsens Allgemeiner Staatslehre (1925) den „Nullpunkt" erreicht hatte[3]. Innerhalb des Weimarer „Schulenstreits" rechnete sich Smend selbst dem geisteswissenschaftlichen Ansatz zu[4]. Da die Schrift so vor allem gegen die Kelsensche Lehre gerichtet war[5] – denn diese verfolgte nach Smend das Ziel, als „verspätete(r) Nachfahre des Rationa-lismus" die „geistige Wirklichkeit möglichst in Fiktion, Illusion, Verschleierung und Betrug aufzulösen"[6] – sah sich dieser bald zu einer ausführlichen Entgeg-nung herausgefordert[7]. Das folgende Kapitel setzt sich in zwei Schritten mit der Integrationslehre Smends und der jeweiligen Kritik Kelsens auseinander. Im Vor-dergrund stehen Smends Verständnis des Staats als politischer Einheit und die

---

1   Smend, Rudolf: Verfassung und Verfassungsrecht (1928); jetzt in: Ders.: Staatsrechtliche Ab-handlungen und andere Aufsätze, Berlin 1955, S. 127.

2   Ebd., S. 121.

3   Ebd., S. 124.

4   Vgl. ebd., S. 123 ff., mit deutlichem Rekurs auf die Philosophie von Theodor Litt. Korioth weist darauf hin, dass Smend auf Litts Ansatz rekurriert, um hier eine entscheidende er-kenntnistheoretische Absicherung gegen die vom Neukantianismus geprägte Staatslehre Kelsens zu finden: vgl. m. w. N. Korioth, Stephan: Integration und Bundesstaat. Ein Beitrag zur Staats- und Verfassungstheorie Rudolf Smends, Berlin 1990, S. 114.

5   Weitergehender Friedrich, wonach die Integrationslehre „wohl ohne die Herausforderung durch Kelsens Normativismus… nicht ausgearbeitet worden wäre"; Friedrich, Manfred: Ru-dolf Smend 1882–1975; in: AöR, 1987, S. 11.

6   Smend: Verfassung und Verfassungsrecht, S. 204.

7   Vgl. Kelsen: Der Staat als Integration, Vorbemerkung.

sich hieraus ergebenden Implikationen bzgl. der Begriffe Verfassung, Parlamentarismus und Pluralismus.

1) Politische Einheit und Verfassung

Smend thematisiert als Hauptfrage seiner staatstheoretischen Überlegungen:

> „Das Versagen der bisherigen Staatstheorie wird am deutlichsten an bestimmten Anti-
> nomien, in die sie sich unentrinnbar verstrickt. Das Problem Individuum und Ge-
> meinschaft, Individuum und Staat, Individuum und Kollektivismus... steht überall als
> unlösbare Schwierigkeit im Wege"[8].

Hierin sich mit Heller einig wissend will Smend das Problem der „„Vergemeinschaftung der individuellen Willen zur Wirkungseinheit eines Gesamtwillens' in
Angriff nehmen"[9]. Im Unterschied etwa zu Schmitt (oder auch Triepel) löst er das
Spannungsverhältnis zwischen „Individuum und Gemeinschaft" jedoch nicht
durch eine – wie auch immer zu begründende – *vorgegebene* politische Einheit
auf. Denn der Staat als politische Einheit ist für Smend nicht statischen Charakters sondern als „Integration"[10] ein dauernder, dynamischer Prozess in der Sphäre
des „Geistes"[11]:

> „Staats- und Staatsrechtslehre haben es zu tun mit dem Staat als einem Teil der geisti-
> gen Wirklichkeit. Geistige Kollektivgebilde sind als Teile der Wirklichkeit nicht statisch
> daseiende Substanzen, sondern die Sinneinheit reellen geistigen Lebens, geistiger Akte.
> Ihre Wirklichkeit ist die einer funktionellen Aktualisierung, Reproduzierung... – nur
> in diesem Prozeß... werden sie in jedem Augenblicke von neuem wirklich"[12].

Und: „Der Staat ist nur, weil und sofern er sich dauernd integriert, in und aus den
Einzelnen aufbaut – dieser dauernde Vorgang ist sein Wesen als geistig-soziale
Wirklichkeit"[13].

---

8   Smend: Verfassung und Verfassungsrecht, S. 125.
9   Ebd, S. 186, mit Verweis von Smend auf: Heller: Die Souveränität, Ein Beitrag zur Theorie
    des Staats- und Völkerrechts, Berlin – Leipzig 1927.
10 Smend prägte den Begriff der Integration schon 1923 in seinem Aufsatz: Die politische Ge-
    walt im Verfassungsstaat und das Problem der Staatsform; jetzt in: Ders.: Staatsrechtliche
    Abhandlungen, S. 68 ff.
11 Vgl. hierzu die Kritik Kelsens weiter unten.
12 Smend: Verfassung und Verfassungsrecht, S. 136.
13 Ebd., S. 138.

Trotz der dynamischen Betrachtungsweise hält Smend damit am Verständnis des Staats als politischer Einheit fest. Folglich begreift auch er den Staat im Unterschied zu allen sonstigen Verbänden nicht als fakultativ, sondern notwendig und ebenso nicht als abgeleitet („heteronom"), sondern ursprünglich[14]. Zu Recht wird daher geurteilt, dass Smend den bisherigen „Vorstellungen der Einheit… und deren Souveränität nur den Gedanken der Integration" hinzufügt[15]. So geht auch hier der Einzelne – jetzt via permanenter Integration – in einer die Summe der Bürger übersteigenden „Totalität" des Staats[16], im Kollektivum auf[17] – und zwar real, da nach Smend an der „Tatsächlichkeit des Staates als des Verbandes der ihm rechtlich Angehörenden… nicht zu zweifeln" ist[18].

Genau hier setzt der erste Teil der Kelsenschen Kritik an der Integrationslehre an. Kelsen wirft Smend vor, dass dieser entgegen seiner eigenen Ankündigung einer Staatslehre als Geisteswissenschaft den Bereich geisteswissenschaftlicher Begründung des Staatsbegriffs verlasse. Der Staat sei bei Smend nicht bloß „geistiges Kollektivgebilde" ideeller Art, sondern durch die sich in der natürlichen, kör-

---

14 Vgl. ebd., S. 195 f. Richtig daher auch Korioth: Integration und Bundesstaat, aaO, S. 116: „Der Staat ist für Smend überempirische ‚Aufgabe', für den Menschen wesensgesetzlich vorgegeben. Nur die ‚Faktoren' der Verwirklichung dieses ‚überempirisch aufgegebenen Wesens' des Staates sind Objekt empirischer Beschreibung".

15 Bärsch, Claus-E.: Der Staatsbegriff in der neueren deutschen Staatslehre und seine theoretischen Implikationen, Berlin 1974, S. 93. Weil Smend aber die Einheit immer schon voraussetzt, ist sein Konzept der Integration widersprüchlich oder zumindest sinnlos. Denn richtig noch einmal Korioth, ebd., S. 142: „Eine begriffliche Differenz zwischen der vorausgesetzten Gemeinschaft und der Gemeinschaft, die durch erneute Integrationsvorgänge geschaffen wird, besteht nicht. … Die Integration, die zunächst als dynamischer Vorgang und Produzent des Staatsaufbaus aus den einzelnen von Smend eingeführt wird, verwandelt sich in den statischen Zustand der bereits integrierten politischen Gemeinschaft, die mit dem Staat identisch ist". Ein ähnlicher Widerspruch bei der „Einheit" taucht ja schon bei Schmitt auf.

16 „… weil das Staatsleben als Ganzes nicht eine Summe, sondern eine individuelle Einheit, eine Totalität ist"; Smend: Verfassung und Verfassungsrecht, S. 162.

17 Vgl. auch Schluchter, Wolfgang: Entscheidung für den sozialen Rechtsstaat, Hermann Heller und die staatstheoretische Diskussion in der Weimarer Republik, 2. Aufl., Baden-Baden 1983, S. 80 f.; a. A. Badura, Peter: Staat, Recht und Verfassung in der Integrationslehre; in: Der Staat, 1977, S. 321. Immerhin räumt auch Badura ein: „Die Integrationslehre verwirft den Individualismus und Rationalismus des politischen Liberalismus… und fordert die Staatstheorie auf, die verobjektivierende Entzweiung von Mensch und Gemeinschaft zu überwinden"; ebd., S. 309. Grundsätzlich Smend positiv bewertend vgl. Mols, Manfred H.: Allgemeine Statslehre oder politische Theorie? Interpretationen zu ihrem Verhältnis am Beispiel der Integrationslehre Rudolf Smends, Berlin 1969.; ebenso Poeschel, Jürgen: Anthropologische Voraussetzungen der Staatstheorie Rudolf Smends. Die elementaren Kategorien Leben und Leistung, Berlin 1978. Poeschel, S. 76 ff., erkennt jedoch richtig, dass bei Smend bzgl. des Verhältnisses von Individuum und Gemeinschaft anthropologisch das Problem der „Entfremdung" zugrunde liegt.

18 Smend: Verfassung und Verfassungsrecht, S. 134.

perlichen Welt vollziehende Integration von Menschen zugleich als „realer Ver-
band" begriffen und damit nichts anderes als ein mit eigenem Leben ausgestatte-
ter „Übermensch"[19]:

> „Die Wiener Schule, die den Staat als geistiges Gebilde, als Sinnordnung, d. h. als ideelle
> Ordnung und speziell als Normensystem versteht, lehnt... die Vorstellung der traditio-
> nellen Lehre ab, derzufolge der Staat ein konglomeratartig aus Menschen zusammen-
> gesetztes Gebilde ist, welche Lehre sich in der Formel ausdrückt, dass der Staat aus
> Menschen besteht; und sie ersetzt diese Vorstellung durch die Lehre, daß der Staat
> ein System normierter, den Inhalt einer normativen Ordnung bildender Tatbestände
> menschlichen Verhaltens ist"[20].

> Und: „Dieses ‚Leben' der Kollektivwesen ist für SMEND ein wirklicher ‚Lebensvor-
> gang'... Das ‚Leben' des Staates, wie es Smend meint... ist das Leben eines übermensch-
> lichen Wesens... die Seele eines Makroanthropos"[21].

Mit dieser „Annahme einer überindividuellen Staatssubstanz"[22] bleibe Smend
gegen seine eigene Intention – so Kelsen – letztlich der organischen Staatslehre
Gierkes verhaftet, die den Staat als „reale Verbandspersönlichkeit", als lebendigen
Organismus begreife[23] – ein Umstand, der auch in der permanenten Verwendung
der Begriffe „Leben" und „Erleben" bei Smend zum Ausdruck komme. Wie die
organische Staatslehre ist für Kelsen damit die Integrationslehre Ausdruck autoritär fixierten, obrigkeitsstaatlichen Denkens, deren politischer Zweck es dabei sei,
über die Vorstellung vom Staat als tatsächlichem, souveränem Kollektivgebilde
die bestehenden Machtverhältnisse zu zementieren:

---

19 So auch schon Kelsen in seiner Replik zu Hold-Ferneck: Der Staat als Übermensch. Eine
    Erwiderung, Wien 1926, S. 22: „H. möchte, indem er den Staat als ‚Übermensch' erklärt, als
    mein direkter Widerpart erscheinen, der ich doch den Staat als ‚Ideologie' erklärt habe. Aber
    H.s ‚Übermensch' schrumpft bei näherer Betrachtung sichtlich zusammen". Vgl. auch Hold-
    Ferneck, Alexander: Der Staat als Übermensch, Zugleich eine Auseinandersetzung mit der
    Rechtslehre Kelsens, Jena 1926; ders.: Ein Kampf um das Recht, Entgegnung auf Kelsens
    Schrift „Der Staat als Übermensch", Jena 1927.
20 Kelsen: Der Staat als Integration, Wien 1930, S. 25.
21 Ebd., S. 28.
22 Ebd., 27.
23 Vgl. Kelsen: Der Staat als Integration, S. 29 f.; vgl. auch die Auseinandersetzung mit dem or-
    ganischen Staatsbegriff bei Gierke und Kjellén: Der Staat als Lebensform, Leipzig 1917, in:
    Kelsen: Allgemeine Staatslehre, 2. Neudruck, Wien 1993, S. 377 f. Kjellén hat in seiner organi-
    zistischen Staatslehre den umstrittenen Begriff der „Geopolitik" geprägt, der schließlich von
    Karl Haushofer (u. a. in der „Zeitschrift für Geopolitik" ab 1924) rezipiert wurde; vgl. van der
    Pijl, Kees: Vordenker der Weltpolitik. Einführung in die internationale Politik aus ideenge-
    schichtlicher Perspektive, Opladen 1996, Kap. 5 „Faschismus und Geopolitik", hier S. 159.

„Die Einsicht, daß dem Staate nicht ‚Wirklichkeit' im gewöhnlichen Sinne des Wortes zukomme…, diese Einsicht könnte – so fürchtet man offenbar –, wenn sie zum Gemeingut weitester Kreise wird, den Glauben an die Macht jener Menschen erschüttern, die, … hinter der Maske des Staates Herrschaft ausüben"[24].

Und: „Naivere Autoren als Smend, die sich offener als er zum ‚Staat als Übermensch' bekennen, … sprechen es denn auch offen aus, was sie zum Kampf gegen die normative Staatstheorie der Wiener Schule veranlaßt: daß diese Lehre staatsgefährlich ist. Wer die ‚Wirklichkeit' des Staates leugnet, gefährdet dessen Autorität; so wie derjenige die Autorität Gottes schmälert, der in ihm nicht eine transzendete Realität, sondern nur den Ausdruck der Einheit der Welt, keine seelisch-körperliche Realität oder Allmacht, sondern ein Gebilde des Geistes erkennt"[25].

Die Vorgehensweise von Smend beinhaltet für Kelsen deutliche Parallelen zur Theologie, die Gott zwar einerseits bloß als geistiges Gebilde begreife, zugleich diesem jedoch Qualitäten zuspreche, die nur ein körperliches Wesen haben könne. Diese Zweiseitigkeit des theologischen Gottesbegriffes spiegele sich in der „Zwei-Seiten-Lehre" des Staatsbegriffes wider, die Smend trotz (vermeintlich) geisteswissenschaftlicher Methode nicht überwinde[26]. Der Staat als Integration ist daher für Kelsen ein – weiterer – „Schulfall politischer Theologie, Smend seiner innersten Natur nach ein Staatstheologe"[27].

Aus der Sicht der Integration zur politischen Einheit „Staat" erwächst für Smend Bedeutung und Funktion der Verfassung. Im ausdrücklichen Gegensatz zu Kelsen sei die Verfassung eben kein bloßes Organisationsstatut, keine Vereinssatzung, die den bürgerlichen Verein „Staat" als Geschäftsgrundlage konstituiere.

„Sie (die Verfassungslehre, RvO) muß daher jede Theorie ablehnen, die in der Verfassung einen mechanistisch objektivierten technischen Apparat für bestimmte Zwecke sieht… und deshalb auch jede Gleichstellung der staatlichen und sonstiger Verbandssatzungen wegen Gleichheit des technischen Zweckes"[28].

---

24 Kelsen: Der Staat als Integration, S. 30.
25 Ebd., S. 31; hier offensichtlich anspielend auf Hold-Ferneck.
26 Vgl. Kelsen: Der Staat als Integration, S. 33; zur „Zwei-Seiten-Lehre" vgl. Jellinek, Georg: Allgemeine Staatslehre, 3. Aufl., Berlin 1914.
27 Ebd., S. 33; Smend benennt selbst die Parallelität: „… erklärt sich mindestens zum Teil die Verwandtschaft zwischen der Integrationsbindung an den Staat und der religiösen an die Gottheit, … wie sie aber auch praktisch von der Politik des politischen Mythus bei Sorel und den Faschisten… verwendet wird"; Verfassung und Verfassungsrecht, S. 164, Fn 15; zugleich hierbei aber die von Kelsen kritisch thematisierte Parallele von Gott und Staat zurückweisend.
28 Smend: Verfassung und Verfassungsrecht, S. 196.

Nach Smend ist die Verfassung vielmehr „die Rechtsordnung des Staats, genauer des Lebens, in dem der Staat seine Lebenswirklichkeit hat, nämlich seines Integrationsprozesses"[29]. Damit reduziert er den Verfassungsbegriff auf die Funktion der Integration, die Qualität verfassungsrechtlicher Regelungen wird allein nach dem „Integrationswert" für das „Staatsleben" bemessen[30]. So beklagt er schon früh die mit der Weimarer Verfassung verankerte Verhältniswahl, die durch „Proportionalisierung" der „Herrschaft der Fraktionen" Vorschub geleistet habe und zuwenig „integriere"[31]. Smend geht jedoch noch einen Schritt weiter, indem er ausführt, daß das „Leben" des Staats in seiner „überpersönlichen Totalität" gar nicht durch Paragrafen erfasst werden könne. Jenseits des Verfassungsrechts steht für Smend die „wirkliche" Verfassung des Staatslebens als Integration. Diese vollzieht sich „hinter" dem oder auch gegen das positive Recht:

> „Eine solche Lebensfülle kann von wenigen, noch dazu meist recht schematischen... Verfassungsartikeln nicht voll erfaßt und normiert, sondern nur... was ihre integrierende Kraft angeht, angeregt werden. Ob und wie aus ihnen der aufgegebene Erfolg befriedigender Integration hervorgeht, hängt von der Auswirkung aller politischen Lebenskräfte des Volksganzen überhaupt ab. Dieser aufgegebene Erfolg mag dabei vom politischen Lebensstrom vielfach in nicht genau verfassungsmäßigen Bahnen erreicht werden"[32].

Im Ergebnis wird damit die geschriebene Verfassung überhaupt überflüssig, Verfassung und Verfassungsrecht – so ja schon programmatisch die Ankündigung im Titel des Hauptwerks – fallen durch den für Smend wesentlichen Maßstab des Integrationsprinzips auseinander. Da das Verfassungsrecht jederzeit beiseite geschoben werden kann – nämlich immer dann, wenn es die „Integration" erfordert – kommt diese Lehre für Kelsen zu Recht einer „Theorie des Verfassungsbruchs" gleich, die gerade auch „das nicht verfassungskonforme Staatsleben als Wirkung der Integration" zu begreifen erlaube[33]:

> „Und jetzt versteht man erst ganz, warum die Integrationstheorie die Verfassung als Grundlage des Rechts nicht brauchen kann, warum sie in der Anschauung, die in der Verfassungsordnung den Geltungsgrund der Rechtsordnung erkennt, eine Beleidigung

---

29 Ebd., S. 189.
30 Vgl. in diesem Punkte auch die Kritik bei Friedrich, aaO, S. 13.
31 Vgl. Smend: Die Verschiebung der konstitutionellen Ordnung durch die Verhältniswahl (1919); in: Ders.: Staatsrechtliche Abhandlungen, aaO, S. 60 ff.; wenngleich hier noch nicht der Begriff der Integration explizit fällt.
32 Smend: Verfassung und Verfassungsrecht, S. 189 f.
33 Kelsen: Der Staat als Integration, S. 89.

der Rechtsidee sehen muß: denn der Verfassungsbruch, den diese Integrationstheorie legitimieren will, kann nur dann nicht als Rechts-Bruch disqualifiziert, kann nur dann als ‚befriedigende' Integration gegenüber einem verfassungstreuen, aber ‚mangelhaften' Verhalten qualifiziert werden, wenn Verfassung und Recht miteinander nichts zu tun haben"[34].

Tatsächlich deutet Smend dies selber an:

> „Es ist also der Sinn der Verfassung selbst, ihre Intention nicht auf Einzelheiten, sondern auf die Totalität des Staates und die Totalität seines Integrationsprozesses, die jene elastische, ergänzende, von aller sonstigen Rechtsauslegung weit abweichende Verfassungsauslegung nicht nur erlaubt, sondern sogar fordert"[35].

2) Antiparlamentarismus und Antipluralismus

Da nach Smend das „überempirisch aufgegebene Wesen des Staates sein Charakter als souveräner Willensverband und seine dauernde Integration zur Wirklichkeit als solcher" ist[36], sind zur empirischen Seite hin bloß die verschiedenen Formen der Integration unterscheidbar. Diese werden von Smend benannt als:

- persönliche Integration (durch Führung)[37],
- funktionelle Integration (Gemeinschaftsbildung durch technische Verfahren wie z. B. Wahlen, parlamentarischer Entscheidungsprozess) und
- sachliche Integration (in politischen Symbolen vermittelter und erlebter Sinngehalt der Gemeinschaft)[38].

Als Idealtypen seien diese immer nur in Mischformen anzutreffen. Gleichwohl ließen sich je nach vorherrschender Integrationsweise verschiedene Typen des politischen Systems klassifizieren. Staatsformenlehre ist für Smend daher die Lehre von den Typen der Integrationssysteme. Dabei sei der liberale Parlamentarismus eher der funktionellen Integration, Demokratie und Monarchie hingegen der sachli-

---

34 Ebd., S. 90.
35 Smend: Verfassung und Verfassungsrecht, S. 190.
36 Ebd., S. 139.
37 Smend führt hierzu u. a. aus: „Es gibt Personen, die ihrem Wesen nach zu integrierender Funktion ungeeignet ... sind" und nennt als Bsp., sich auf Max Weber berufend, die „Ostjuden als unmögliche Führer deutschen Staatslebens"; ebd., S. 145.
38 Vgl. ebd., S. 142–180.

chen Integration zuzuordnen[39]. Der Begriff der Integration – dies ist schon an
der begrifflichen Trennung des Parlamentarismus von der Demokratie ablesbar –
wird bei Smend dann im deutlichen Gegensatz zur parlamentarischen Demokratie konturiert. Nicht nur, dass er die Bismarcksche Verfassung für ein „vollkommenes Beispiel einer integrierenden Verfassung" bezeichnet und die Weimarer als
eine Ordnung, die an der Frage der Integration – als dem grundlegenden Problem
einer Verfassung überhaupt – vorbeikonstruiert worden sei[40]. Bei der Klassifikation der Staatsformen spricht Smend, angelehnt an die Schmittsche Unvereinbarkeit von Liberalismus und Demokratie, dem Parlamentarismus überhaupt wegen
mangelnder Integrationskraft rundweg die Qualität als Staatsform ab:

> „In den Erörterungen über Liberalismus und Parlamentarismus einer- und Demokratie
> andererseits ist... der radikale innere Gegensatz von Parlamentarismus und Demokra-
> tie evident geworden. Liberale Staatstheorie ist keine Staatstheorie... liberale Staats-
> form, d.h. Parlamentarismus ist keine Staatsform, weil auf funktionelle Integration
> allein kein Staat gegründet werden kann"[41].

Übertragen auf den damaligen zeitgeschichtlichen Hintergrund folgte hieraus
eine Infragestellung der Staatsqualität der Weimarer Republik und ihrer Legitima-
tionsgrundlagen[42]. Smend kündigt diese Intention bereits mit dem Titel seiner Arbeit an. Die Formulierung „Verfassung und Verfassungsrecht" lässt erkennen, dass
sich hinter der positiven, schriftlich fixierten Weimarer Verfassung die „wahre"
– weil integrierende – Verfassung als Maßstab verbirgt – eine Frontstellung, die
Schmitt analog bezog, indem er der legalen Weimarer Ordnung die Legitimität
absprach[43]. In Smends kurz vor der Errichtung der NS-Diktatur am 18.1.1933 ge-
haltener Rede kommt dies in der entsprechenden Gegenüberstellung von „Bürger
und Bourgeois" pointiert zum Ausdruck. Mit eindeutig antipluralistischem Tenor
beklagt er, dass der nur um seinen Vorteil schachernde „Bourgeois" die integrierende Kraft der Verfassung, die politische Einheit zerstöre:

> „Vollends ist es so bei der Weimarer Verfassung. Versteht man sie im bourgeoisen Sin-
> ne als die Ordnung einer Lage, in der jeder nur das Seine und nicht das Ganze sucht,

---

39 Vgl. ebd., S. 218 ff.
40 Ebd., S. 141. Das ist natürlich absurd angesichts der „hochgradig desintegrative(n) Innen-
    politik der Bismarckära, vom antiliberalen Verfassungskonflikt über den antikatholischen
    Kulturkampf bis zum Sozialistengesetz"; so mit Blick auf Smend richtig Lehnert, Detlef: Wie
    desintegrativ war die Weimarer Reichsverfassung?; in: KJ, 1999, S. 405.
41 Smend: Verfassung und Verfassungsrecht, S. 219.
42 Vgl. Stolleis, Michael: Geschichte des öffentlichen Rechts, Bd. 3, München 1999, S. 175.
43 Vgl. Schmitt: Legalität und Legitimität, 5. Aufl., Berlin 1993.

sich dem Ganzen nicht verpflichtet weiß, dann ist sie eine Organisation des Pluralismus, d. h. des letzten Endes anarchischen Nebeneinanders der politischen Gruppen… Was im zweiten Teil der Verfassung einzelnen Volksteilen zugesichert wird, erscheint dann je als das mehr oder wenige gute Geschäft, das Eigentümer und Arbeiter, Mittelstand und Frauen, Beamte und Lehrer, Kirche und Gewerkschaften in Weimar gemacht haben: sie haben hier mit mehr oder weniger Glück, wie ein bourgeoiser Rentner, ihr Schäfchen ins Trockene gebracht… und können nun aus dieser Position heraus den Kampf aller gegen alle mitansehen oder weiterführen"[44].

Für Smend hat eine solche um Vorteile und Kompromisse feilschende Ordnung zwischen „Krämern" jeglichen Anspruch auf Legitimität verspielt. Mit Hinweis auf Schmitt, der „die zerstörende Wirkung dieses Pluralismus auf Staat und Verfassung"[45] ja beschrieben habe, führt er aus:

„Es bedarf keines Worts näherer Begründung, daß die Beurkundung eines solchen Handelsgeschäfts zwischen Interessentenhaufen keine Verfassung wäre, nichts, dem man Treue schwören kann…"[46].

Vielmehr schon 1928:

„Die große Fundgrube… ist aber heute die Literatur des Faschismus. Sowenig sie eine geschlossene Staatslehre geben will, sosehr sind Wege und Möglichkeiten neuer Staatswerdung, Staatsschöpfung, staatlichen Lebens, d. h. genau dessen was hier als Integration bezeichnet wird, ihr Gegenstand, und ihre planmäßige Durchmusterung unter dem Gesichtspunkt der hier unternommenen Fragestellung würde einen reichen Ertrag liefern, dessen Wert unabhängig von Wert und Zukunft der faschistischen Bewegung selbst sein würde"[47].

Kelsens Kritik zielt an dieser Stelle auf die antiparlamentarische und antipluralistische Stoßrichtung der Integrationslehre. In der von Smend mit Schmitt postulierten Unvereinbarkeit von Parlamentarismus und Demokratie offenbart sich für Kelsen ein Demokratieverständnis, dem die Konzeption von Homogenität der

---

44 Smend: Bürger und Bourgeois im deutschen Staatsrecht, Rede bei der Reichsgründungsfeier der Universität Berlin vom 18. 1. 1933; jetzt in: Ders.: Staatsrechtliche Abhandlungen, S. 323.
45 Ebd.
46 Ebd.
47 Smend: Verfassung und Verfassungsrecht, S. 141. Auf diese Ambivalenz macht auch Kelsen deutlich aufmerksam: Der Staat als Integration, S. 58.

zur politischen Einheit integrierten Gesellschaft zugrunde liegt[48]. Hierbei würde das – für seinen Begriff einer pluralistischen Demokratie wesentliche – Entscheidungsverfahren des (parlamentarischen) Mehrheitsbeschlusses durch Smend als bloß formalistisch abklassifiziert, das Mehrheitsprinzip schließlich überhaupt vom Begriff der Demokratie abgelöst. Kelsen setzt daher die in konservativen Traditionen stehende Smendsche Argumentation in Vergleich zum Marxismus bolschewistischer Prägung – und zwar hinsichtlich ihrer gemeinsamen Einstellung zu Parlamentarismus und Diktatur:

> „… wie sehr SMEND die Demokratie meint, wenn er auf den Parlamentarismus schlägt, das zeigt, wie nahe er an die politische Theorie des Bolschewismus herankommt. Demokratie ist nämlich auch nach SMEND mit der Diktatur vereinbar"[49].

Kelsen betont hiergegen noch einmal, dass Demokratie, Parlamentarismus, Mehrheitsprinzip und Minderheitsschuz untrennbar miteinander verbunden seien. Antiparlamentarische und antidemokratische Positionen erweisen sich daher für ihn in dieser Hinsicht als begrifflich synonym:

> „Jedermann weiß, daß Parlamentarismus und Demokratie nicht identische Begriffe sind, weil die parlamentarische nur eine bestimmte Form der mittelbaren Demokratie ist, die durch den modernen, sich über weite Flächen erstreckenden, ein Millionenvolk umfassenden Staat erzwungen wird. Und jedermann weiß, daß für diesen modernen Staat der Parlamentarismus… die einzig mögliche Form der Demokratie ist… Darum ist der Kampf gegen den Parlamentarismus in Wahrheit ein Kampf gegen die Demokratie"[50].

Wenn also Smend selbst später den Charakter seiner Integrationslehre als ein „Modell streng demokratischen Denkens" bezeichnet, da „sie den Einzelmenschen voranstellt"[51], so muss er sich schon mit der Kritik Kelsens entgegenhalten lassen, dass das hier zugrunde liegende Verständnis mit dem einer pluralistischen Demokratie nichts gemein hat[52]. Dies findet Bestätigung in der Tatsache, dass die

---

48 Vgl. Kelsen, ebd., S. 79; die einschlägige Stelle bei Smend lautet: „Nur so erklärt sich…, daß Demokratie Homogenität voraussetzt, d. h. einen homogenen Gehalt; nur so, daß die Demokratie trotz ihres Mehrheitsprinzips in die Minderheit kommen und deshalb der Diktatur zu ihrer Durchsetzung bedürfen kann"; Verfassung und Verfassungsrecht, S. 221.
49 Kelsen: Der Staat als Integration, S. 83.
50 Ebd., S. 82.
51 Smend: Integration; in: Evangelisches Staatslexikon, 2. Aufl., Stuttgart – Berlin 1975, Sp. 1026.
52 So auch folgerichtig die Einordnung Smends als Gegner des Pluralismus bei Nuscheler, Franz/Steffani, Winfried (Hg.): Pluralismus. Konzeptionen und Kontroversen, 3. Aufl., Mün-

Parteien im Smendschen Hauptwerk überhaupt keine Rolle spielen[53]. Abschlie-
ßend bewertet mag man daher seine subjektive Absicht positiv schätzen, in „der
von scharfen weltanschaulichen Gegensätzen gekennzeichneten Lage der Weimarer Republik... einen verbindlichen Sinn und Inhalt des Staates zur Anerkennung"
zu bringen[54]. In der objektiven Wirkung betrachtet ist jedoch Sontheimer zuzustimmen, wonach mit „Smends scharfer Kritik am Liberalismus... die Integrationslehre nicht als Unterstützung der die Republik tragenden Kräfte, sondern viel
eher als Hilfestellung für die gegen die Weimarer Republik opponierenden Anhänger eines antiliberalen Staatsgedankens empfunden" wurde[55]. Nun, dieses Urteil fällt sogar wohl noch eher etwas zu milde aus. Denn Smend hat sich selbst in
der Tradition hegelianischer Staatsontologie gesehen, deren Konsequenz mit Bezug zu Smend ausgerechnet Carl Schmitt herausgestellt hat:

> „Rudolf Smends Lehre von der Integration des Staates scheint mir... einer politischen
> Situation zu entsprechen, in welcher nicht mehr die Gesellschaft in einen bestehenden
> Staat hinein integriert wird..., sondern die Gesellschaft sich selbst zum Staat integrie-
> ren soll. Daß diese Situation den totalen Staat erfordert, äußert sich am deutlichsten in
> der Bemerkung Smends..., wo von Hegels Gewaltenteilungslehre gesagt wird, sie be-
> deute ‚die lebendigste Durchdringung aller gesellschaftlichen Sphären durch den Staat

---

chen 1976, S. 26. Korioth urteilt ähnlich: „Damit aber ist die integrationstheoretische Betrachtung des Staates... keine moderne Staatslehre. Es fehlen ihr originelle Ansätze für eine
Theorie des pluralistischen Staates" und: „... ist die Theorie Smends in letzter Konsequenz
eine wenig konstruktive Negierung der konfliktgeladenen und interessenpluralen politischen Gegenwart des Weimarer Staates"; Integration und Bundesstaat, aaO, S. 175. Erstaun-
licherweise gerade im Hinblick auf die Rede Smends „Bürger und Bourgeois" a. A. Badura,
aaO, der den Integrationsbegriff bei Smend demokratisch aufgeladen sieht, da die Integration von der freien Entscheidung und Aktivität des Einzelnen abhängig sei. Dazu ist zu be-
merken, dass dies freilich auch für einen „plebiszitären Führerstaat" gelten kann. Immerhin
räumt Badura, S. 321 f., ein, dass der „demokratische Mythos Rousseaus, dessen Wort vom
täglichen Plebiszit von Smend mehrfach herangezogen wird, verdrängend fortwirkt".
53 Vgl. Smend: Verfassung und Verfassungsrecht, S. 190 und 241, wo die Parteien beiläufig ge-
    nannt werden; vgl. auch Korioth: Bundesstaat und Integration, S. 149 f.
54 Friedrich, aaO, S. 11. Richtig hat jedoch Werner Heun festgestellt, dass der staatsrechtliche
    Positivismus durch die „Neutralisierung" der Legitimitätsfrage viel mehr zur „Integration"
    der Weimarer Republik beigetragen habe als die Integrationslehre von Smend; Der staats-
    rechtliche Positivismus in der Weimarer Republik. Eine Konzeption im Widerstreit; in: Der
    Staat, 1989, S. 400.
55 Sontheimer: Antidemokratisches Denken in der Weimarer Republik, München 1978, S. 84;
    a. A. Friedrich, S. 14–16. Gleichwohl ist festzuhalten, daß sich Smend in der Rede vom Ja-
    nuar 1933 hiervon subjektiv betrachtet distanziert, indem er beklagt: „Der Gegenwart droht
    der Staatsbürger unterzugehen im Anhänger der politischen Konfession, in den absorptiven,
    religionsähnlichen Ansprüchen der großen politischen Bewegungen"; Bürger und Bourgeois
    im deutschen Staatsrecht, aaO, S. 324.

zu dem allgemeinen Zwecke, alle vitalen Kräfte des Volkskörpers für das Staatsganze zu gewinnen". Dazu bemerkt Smend, das sei ‚genau der Integrationsbegriff' seines Buches über Verfassung. In Wirklichkeit ist es der totale Staat, der nichts absolut Unpolitisches mehr kennt, der die Entpolitisierungen des 19. beseitigen muß…"[56].

Kelsen hatte diese gegen die Legalität der Weimarer Ordnung gerichteten Implikationen der Integrationslehre unmittelbar begriffen. Seine Entgegnung zu der antipluralistischen und antiparlamentarischen Argumentation von „Verfassung und Verfassungsrecht" schließt daher:

> „Es ist der Kampf gegen die Verfassung der deutschen Republik, dem diese Lehre von der ‚Wirklichkeit' des Staates – ob sie es nun beabsichtigt oder nicht – schließlich dient"[57].

---

56 Schmitt: Der Begriff des Politischen, 6. Aufl., Berlin 1996, S. 26; dieser Kontext auch bei: Lhotta, Roland, Rudolf Smend und die Weimarer Demokratiediskussion: Integration als Philosophie des „Als-ob"; in: Gusy, Christoph (Hg.): Demokratisches Denken in der Weimarer Republik, Baden-Baden 2000, S. 131. Auch Lhotta kommt daher zum Schluss, dass Smends Begriff der Demokratie schon gemessen am Weimarer Maßstab als „unmodern" zu bezeichnen ist, weil auf die „Fiktion von Einheit" und nicht auf die liberale, „moderne Konkurrenzdemokratie" abstellend (S. 314 ff.). Andererseits schüttet Lhotta dann insofern das „Kind mit dem Bade aus", dass er die aktuelle Bedeutung der Fragestellung Smends im Hinblick auf die normativen Grundlagen von Gesellschaft herausstellt. Dabei ist ein Rekurs auf die antipluralistische Integrationslehre doch völlig überflüssig, denn die Frage normativer Fundierung in einer Welt der „Vielheit" wird schließlich schon spätestens seit der griechischen Antike mit Aristoteles diskutiert. Demgegenüber verwechselt Llanque in diesem Kontext das Problem ontologisch-normativer – oder wie auch immer zu begründender – Wertorientierung in einer pluralistischen Welt mit dem seit Hegel in der deutschen Staatstheorie ontologisierten Konzept politischer Einheit, das von Smend, Schmitt aber eben auch Heller rezipiert worden ist; vgl. Llanque, Marcus: Die Theorie politischer Einheitsbildung in Weimar und die Logik von Einheit und Vielheit (Rudolf Smend, Carl Schmitt, Hermann Heller); in: Göbel, Andreas/van Laak, Dirk/Villinger, Ingeborg (Hg.): Metamorphosen des Politischen. Grundfragen politischer Einheitsbildung im 20. Jahrhundert, Berlin 1995, S. 157 ff.
57 Kelsen: Der Staat als Integration, aaO, S. 91.

Politiktheoretische Implikationen der Lehren von Kelsen und Smend

2

Zugleich Rezension zu:

Hans Kelsen: Verteidigung der Demokratie, hrsgg. von Matthias Jestaedt und Oliver Lepsius, Verlag Mohr Siebeck, Tübingen 2006

Roland Lhotta (Hg.): Die Integration des modernen Staates. Zur Aktualität der Integrationslehre von Rudolf Smend, Reihe Staatsverständnisse, Bd. 8, Nomos-Verlag, Baden-Baden 2005

Die Rezeption der bahnbrechend-modernen, ideologiekritischen Arbeiten von Hans Kelsen, Begründer der „Wiener Schule", vollzog sich in der deutschen Staats- und Verfassungslehre eher schleppend und randständig; zu dominant waren die Schulen von Carl Schmitt und Rudolf Smend[1], zu stark das in der deutschen Tradition beliebte ontologische Denken vom „Staat" und vom „Volk" als souverän begriffene politische Einheiten von eigener Substanz. Das gilt erst recht für die demokratietheoretischen Schriften: Kelsen formulierte schon in den 20er Jahren, ausgehend vom Befund der Vielheit der ethnischen, religiösen, politischen usw. Gruppen in der (untergegangenen) Habsburger Monarchie, eine an (parlamentarischen) Verfahren, Parteienwettbewerb und Minderheitsschutz ausgerichtete „realistische" Theorie der pluralistischen Demokratie im Sinne einer Verfassungstheorie der „offenen Gesellschaft"[2]. Hiernach ergibt sich das „einigende Band" der pluralistischen Gesellschaft nicht durch vorgegebene (und naiv für „real" genommene) politische Kollektive wie „Staat" und Volk" – oder auch nach „links" gewendet „Klasse" –, sondern lediglich durch die gemeinsame Rechtsordnung (= positive Verfassung) in einem bloß normativen Sinne: So sind es die in demokratischen Verfahren beschlossenen Gesetze, die die politische „Einheit" in der gesellschaftlichen „Vielheit" begründen[3]. Mit dieser bis heute anschlussfähigen normativen „Staatstheorie" war Kelsen nicht nur ein ätzender Kritiker rech-

---

1   Vgl. Günther, Frieder: Denken vom Staat her. Die bundesdeutsche Staatsrechtslehre zwischen Dezision und Integration 1949–1970, München 2004.

2   Zur Demokratietheorie Kelsens vgl. aus politikwissenschaftlicher Sicht m. w. N. van Ooyen: Der Staat der Moderne, aaO; aus rechtswissenschaftlicher Sicht Dreier, Horst: Rechtslehre, Staatssoziologie und Demokratietheorie bei Hans Kelsen, 2. Aufl., Baden-Baden 1990.

3   Vgl. einführend van Ooyen: Normative Staatslehre in pluralismustheoretischer Absicht: Hans Kelsens Verfassungstheorie der offenen Gesellschaft; in: Ders.: Politik und Verfassung. Beiträge zu einer politikwissenschaftlichen Verfassungslehre, Wiesbaden 2006, S. 17 ff.

ter und linker Ideologien von „Volksgemeinschaft" und „Klassenkampf"; er blieb selbst im liberalen/demokratischen Lager der Thoma, Anschütz, Heller aber auch Fraenkel ein unverstandener Außenseiter[4].

Vor diesem Hintergrund ist der von Jestaedt und Lepsius herausgegebene Kelsen-Reader überfällig[5]. Er vereint sieben zentrale Schriften zur Demokratie aus der Zeit zwischen 1920 und 1955, im Schwerpunkt jedoch – und diese Auswahl geschieht zu Recht – aus der Zeit der Weimarer Republik. Neben einem Auszug aus der Staatslehre (1925) sind hier zwei Arbeiten besonders hervorzuheben: „Vom Wesen und Wert der Demokratie" in der Fassung der 2. Aufl. von 1929, die als „wissenschaftliche Kampfschrift" im Prinzip Kelsens gesamte Demokratietheorie in einer „Kurzform" von rund 80 Seiten beinhaltet, und wohl – auch von der Politikwissenschaft leider allzu selten wahrgenommen – zu den „großen Demokratiebegründungsschriften überhaupt" zählt[6]. Dabei haben sich die Herausgeber dafür entschieden, zusätzlich die noch erheblich kürzer ausfallende 1. Auflage von 1920 aufzunehmen, sodass Entwicklungen und Akzentuierungen von Kelsens Verteidigung der Demokratie gegen die zunehmenden Extremismen von „links" und „rechts" deutlich werden. Auf der anderen Seite ist es der Aufsatz „Verteidigung der Demokratie" von 1932, der dem gesamten Band zugleich den Namen liefert. Aus seiner radikaldemokratischen Position heraus plädierte Kelsen hier trotz seiner erbitterten Gegnerschaft gegenüber Nationalsozialismus und Bolschewismus gegen das Konzept der „wehrhaften Demokratie", da sich Demokratie nicht mit undemokratischen Mitteln verteidigen ließe. Angesichts der jüngsten Kontroversen um Parteiverbotsverfahren bleibt diese Position bis heute von demokratietheoretischer Relevanz. Der längste Beitrag im Reader ist die Abhandlung „Foundations of Democracy" von 1955, in dem sich Kelsen, zu dieser Zeit schon fast 20 Jahre in den USA, ausführlich mit dem Verhältnis von Demokratie und Ökonomie sowie von Demokratie und Religion auseinandersetzte. Man mag so mancher Auffassung Kelsens, die vom liberal-sozialen Glauben an die rationalistische Vernunft in der Nachfolge Kants durchdrungen sind, inzwischen skeptischer gegenüberstehen. Es werden jedoch angesichts von „Globalisierung" und „Rückkehr der Religion" gerade auch in dem letzten Beitrag schon genau die grundsätzlichen

---

4   In Weimar ist es wohl – leider – nur Carl Schmitt gewesen, der Kelsens Theorie richtig erfasst – und ihn gerade deshalb so vehement bekämpft hat. Insoweit lässt sich Schmitts politische Theorie als „Anti-Kelsen" begreifen.

5   Norbert Leser hat 1967 einen kleinen Kelsen-Reader herausgegeben, der jedoch stärker Kelsens Auseinandersetzung mit dem Marxismus focussiert und längst vergriffen ist: Kelsen: Demokratie und Sozialismus. Ausgewählte Aufsätze, Wien.

6   So Boldt, Hans: Demokratietheorie zwischen Rousseau und Schumpeter. Bemerkungen zu Hans Kelsens „Vom Wesen und Wert der Demokratie"; in: Kaase, Max (Hg.): Politische Wissenschaft und politische Ordnung, FS Rudolf Wildenmann, Opladen 1986, S. 217 ff.

Fragen gestellt, die uns heute (wieder) beschäftigen. Nicht nur insoweit ist Kelsen also ein „Klassiker" der Demokratietheorie; und es ist das Verdienst der Herausgeber, die breitere wissenschaftliche Öffentlichkeit hierauf neuerlich aufmerksam und durch die vorlegte Auswahl auch wieder leichter zugänglich zu machen. Kritisch sei angemerkt, dass sich der Rezensent auch die Aufnahme der beiden Abhandlungen Kelsens zur Verfassungsgerichtsbarkeit gewünscht hätte[7], da gerade diese – zugleich in der Auseinandersetzung mit dem „Rousseauisten" Carl Schmitt – die selten wahrgenommene Verbindung von Kelsens Rechts- und Verfassungstheorie zu seiner Demokratietheorie besonders deutlich zeigen[8]. Aber das ließe sich ja für eine hoffentlich bald schon vorliegende 2. Auflage leicht ergänzen.

Einer der Antagonisten Kelsens im Bereich der Staats- und Verfassungslehre war Rudolf Smend. Wie bei Carl Schmitt erschien sein Hauptwerk „Verfassung und Verfassungsrecht" als kritischer Reflex auf den Rechtspositivismus der „Wiener Schule". Kelsen wiederum reagierte hierauf mit einer ätzenden Kritik, die Smend als „Staatstheologe(n)", seine Lehre als „Schulfall politischer Theologie" charakterisierte[9] in der Spur der – von Smend bewunderten – faschistischen[10] Staatstheorie[11]. Smend zählt nicht nur zu den „Großen Vier" der Weimarer Staatslehre, sondern seine „Integrationslehre" gehört ohne Zweifel zu den wirkmächtigsten Verfassungslehren nach 1945. Davon zeugt nicht nur die Prominenz seiner „Schüler"[12], sondern auch sein bis heute anhaltender Einfluss auf die Rechtsprechung des Bundesverfassungsgerichts[13], zum Teil direkt vermittelt etwa durch die Richter Gerhard Leibholz und Konrad Hesse.

Der Hamburger Politologe Roland Lhotta hat in der Reihe „Staatsverständnisse"[14] daher einen Band zur „Integrationslehre" herausgegeben, der die Aktualität die-

---

7   Vgl. Kelsen: Wesen und Entwicklung der Staatsgerichtsbarkeit; in: Verhandlungen der Tagung der Deutschen Staatsrechtslehrer zu Wien 1928, VVDStRL, Bd. 5, Berlin – Leipzig 1929, S. 30 ff.; Kelsen: Wer soll Hüter der Verfassung sein?; in: Die Justiz, Bd. 6, 1931, S. 576 ff.

8   Vgl. van Ooyen: Der Streit um die Staatsgerichtsbarkeit in Weimar aus demokratietheoretischer Sicht: Triepel – Kelsen – Schmitt – Leibholz; in: van Ooyen/Möllers, Martin (Hg.): Das Bundesverfassungsgericht im politischen System, Wiesbaden 2006, S. 99 ff.

9   Kelsen: Der Staat als Integration, aaO, S. 33.

10 Kelsen: „Und in der Tat: der ,integrale' oder ,integrierte' Staat ist der faschistische Staat"; ebd., S. 58.

11 Auch die Staatstheorie seines „Schülers" Leibholz zeigt stellenweise diese problematische Affinität; vgl. Benöhr, Sabine: Das faschistische Verfassungsrecht Italiens aus der Sicht von Gerhard Leibholz. Zu den Ursprüngen der Parteienstaatslehre, Baden-Baden 1999.

12 Zu den „Schulen" von Smend und Schmitt nach 1945 vgl. Günther, aaO.

13 Vgl. m. w. N. van Ooyen: Der Begriff des Politischen des Bundesverfassungsgerichts, aaO.

14 In der von Rüdiger Voigt initiierten Reihe liegen inzwischen Bände vor zu: Hobbes, Schmitt, Weimarer Staatsdiskussion, Rousseau, Machiavelli, Jellinek, Tocqueville und Grotius; in Vorbereitung sind: Cicero, Kelsen, Weber, Bodin, Luhmann, Loewenstein, Die Federalists und ein weiterer Band zu Schmitt.

ser Lehre einer neuerlichen Prüfung unterzieht. Aus politikwissenschaftlicher
Sicht ergibt sich dies auch insbesondere daraus, dass Smends Lehre hier lange
Zeit eher randständig rezipiert worden ist und nun im Zuge des Neo-Institutio-
nalismus „neuerdings ganz selbstverständlich unter die politischen Theorien der
Gegenwart subsumiert... wird"[15]. Dabei hat Wilhelm Hennis, selbst „Smend-
Schüler", kürzlich darauf hingewiesen, dass entgegen der verbreiteten Auffassung der Einfluss der Philosophie von Theodor Litt zum Verständnis der Integrationslehre „ohne Belang" sei[16]; ja Smend sei überdies ein „radikal moderner
Denker, nur deshalb zog er uns Junge im Göttingen nach 1945 ja so an"[17]. Ausgehend von „Smends Beitrag zu einer modernen Verfassungstheorie" (Morlok/
Schindler) wird daher in einem ersten thematischen Hauptteil des Sammelbandes
zu Recht auf bisher vernachlässigte „Einflüsse und Wechselbeziehungen in der Integrationslehre" aufmerksam gemacht: auf die der „politischen Theologie" Hegels
(nochmals Lhotta), auf die des konservativen politischen und theologischen Pro-
testantismus im Sinne einer „Zivilreligion" (Korioth), schließlich auf die Parallelen und Unterschiede zu Max Weber, etwa hinsichtlich der „plebiszitären Führer-
demokratie" (Anter). Der zweite Teil setzt die Integrationslehre dann noch einmal
in konkrete Bezüge zur Gegenwart bzw. prüft ihre Anschlussfähigkeit für aktuelle politische Herausforderungen: so zur Grundrechtsrechtsprechung des Bundesverfassungsgerichts (Krausnick), zur Möglichkeit einer Weiterentwicklung der
Smendschen Lehre im Rahmen einer Theorie der symbolischen Dimension der
Verfassung (Brodocz), schließlich zu den Grenzen der Anschlussfähigkeit der Integrationslehre im Hinblick auf die europäische Integration (Hurrelmann). Dabei
werden insgesamt auch die antiliberalen, antidemokratischen und etatistischen
Ambivalenzen der Smendschen Lehre nicht unterschlagen, sondern in aller Deut-
lichkeit kritisch hervorgehoben; wo nötig, erfolgt die Analyse durchgehend „hart"
und „sauber" am Text. Deutlich wird auch, wie „deutsch" die Integrationslehre in
ihrem Impetus nach „Harmonie" (statt Konflikt), nach „Gemeinschaft" (statt Gesellschaft), nach „Homogenität" (statt pluralistischer Heterogenität), nach „Staat"
als „Gottesdienst" und „Religionsersatz" ist. Hier lässt der Sammelband – gerade aus politikwissenschaftlicher Sicht – bei der Erhellung der Integrationslehre
nichts zu wünschen übrig. Und: Zu selten werden überhaupt diese politischen

---

15 So Lhotta in seinem ersten Beitrag: Rudolf Smends Integrationslehre und die institutionelle
     Rückgewinnung des Politischen im modernen Staat des permanenten Übergangs; ebd. S. 59;
     vgl. z. B. Llanque, Marcus: Die politische Theorie der Integration; in: Brodocz, A./Schaal, G. S.
     (Hg.), Politische Theorien der Gegenwart, Bd. 1, Opladen 2002, S. 317 ff.
16 Hennis, Wilhelm: Integration durch Verfassung? Rudolf Smend und die Zugänge zum Ver-
     fassungsproblem nach 50 Jahren unter dem Grundgesetz; in: Vorländer, Hans (Hg.): Inte-
     gration durch Verfassung, Wiesbaden 2002, S. 285.
17 Ebd., S. 269.

Implikationen der Staats- und Verfassungslehre von der Politikwissenschaft offen gelegt und in aller Regel einfach dem „Mythos" einer vermeintlich „reinen" juristischen Staats- und Verfassungstheorie überlassen, der besonders im deutschen politischen System aufgrund seiner stark juristisch formalisierten politischen Kultur äußerst wirkmächtig ist. Insofern gelingt mit dem Band ein Stück „Entzauberung" im besten Sinne von Max Weber. Dabei wird zu Recht betont, dass die Aktualität/Modernität der Integrationslehre in ihrer dynamischen Offenheit und in ihrer Einbeziehung der praktischen Philosophie gerade jenseits der engen juristischen Perspektive besteht. Genau hieraus lässt sich wohl ihr „Faszinosum", ihr Rezeptionserfolg in der Rechtsprechung des Verfassungsgerichts und aktuell im Rahmen der neo-institutionellen Debatte der Politikwissenschaft erklären. Der Rezensent möchte die Vorzüglichkeit des Bandes ausdrücklich hervorheben – gleichwohl aber von hier aus mit den folgenden ketzerischen und polemischen Fragen die Diskussion über Smend weiter anregen[18]:

Dass sich die Dinge verändern und das Gemeinwesen irgendwie auch mit dem Engagement von Bürgern/innen zu tun hat – ist das wirklich schon eine Verfassungs- bzw. politische Theorie oder nicht ganz einfach banal und sogar inhaltsleer?

Erklärt sich nicht gerade aus dieser „Leere" der Rezeptionserfolg in der Verfassungsrechtsprechung (und im normativ inhaltsleeren Neo-Institutionalismus), da man in die Smendschen Leerformeln von „Integration", „Einheit", „Bundestreue", „Wertordnung" usw. flexibel genau das alles „hinein entscheiden" und (juristisch) camouflieren kann, was (rechts-)politisch gefällt[19]?

Und erklärt sich nicht gerade hieraus auch die Ambivalenz der Integrationslehre, die sich so ohne weiteres sowohl für den Faschismus als auch für die bundesdeutsche Demokratie in den Dienst nehmen ließ[20]?

Trägt die Integrationslehre wirklich zur Lösung der Probleme des modernen Staates bei oder ist sie nicht vielmehr Ausdruck des speziellen Problems der deutschen politischen Kultur (und Staatslehre), das Modell des westlichen Verfas-

---

18 Dabei möchte ich, um Missverständnissen vorzubeugen, außerdem betonen, dass ich mich nicht zu den „Kelsianern" zähle.

19 Vgl. van Ooyen: Der Begriff des Politischen des Bundesverfassungsgerichts, aaO.

20 Beim Erfolg der Integrationslehre nach 1945 spielte neben ihrer „Flexibilität" wohl auch eine Rolle, dass Smend im Gegensatz zur „persona non grata" Schmitt auch persönlich relativ unbeschadet aus der Zeit der NS-Diktatur hervorging. Vor allem aber bot sich mit ihr die Möglichkeit einer fachwissenschaftlichen „Exkulpation", indem die Staatsrechtslehre hier „nahtlos" an Weimar anknüpfen konnte, sich ihre „Verstrickung" in die Diktatur infolge antidemokratischer und antiliberaler Lehren der Weimarer Zeit nicht eingestehen musste (oder einfach auf Carl Schmitt reduzierte), sondern nun die Verantwortlichkeit hierfür ausgerechnet dem Positivismus eines Kelsen (!) zuweisen konnte, der wie kein anderer mit seiner Lehre die demokratische Republik verteidigt hatte – und sowieso in Amerika blieb.

sungsstaats zu akzeptieren[21] – und damit genauso schon Teil des Problems, wie sie es – wenn auch gegen Smends eigene Intention – objektiv betrachtet schon beim Ende der Weimarer Republik gewesen ist[22]?

Wenn sie also überhaupt eine Verfassungs-/politische Theorie ist – ist sie dann nicht deshalb gerade die „falsche"?

Und schließlich: „modern" – modern war in mancher Hinsicht auch der Faschismus.

Aber das sind wohl die Fragen, über die man bei der Integrationslehre weiter heftig streiten wird und schon deshalb ist Lhotta zuzustimmen, dass Smend wohl genau deshalb „das Zeug zum ‚Klassiker' hat"[23].

---

21 Vgl. hierzu noch einmal Günther, aaO.
22 Vgl. schon Sontheimer, Kurt: Antidemokratisches Denken in der Weimarer Republik, München 1978, S. 84.
23 Lhotta, aaO, S. 39.

Teil II:
Integrationslehre und politisches System der Bundesrepublik

Der Bundespräsident: „Integrationsfunktion" und Direktwahl?

„„Offen will ich sein – und notfalls unbequem"'[1] – Horst Köhler hat sich von Anfang an ausdrücklich als „politischer" Bundespräsident begriffen; und dies nicht
nur in seinen Reden, etwa anlässlich der Kritik an der Reformpolitik der Großen Koalition[2]. Schon zum zweiten Mal innerhalb kürzester Zeit hat er jetzt auch
die Unterzeichnung eines Parlamentsgesetzes wegen verfassungsrechtlicher Bedenken verweigert. Nachfolgend soll jedoch nicht der in der Staats- und Verfassungslehre nach wie vor ungelöste Streit um das sog. materielle Prüfungsrecht
des Bundespräsidenten einer neuerlichen Erörterung unterzogen werden. Es soll
vielmehr ein obrigkeitsstaatliches staatstheoretisches Verständnis des Amtes des
Bundespräsidenten offengelegt und hinterfragt werden, das in antidemokratischen Staats- und Verfassungslehren der Weimarer Republik – namentlich in der
Integrationslehre von Rudolf Smend – wurzelt, in der Staatslehre aber nach wie
vor wirkmächtig ist[3], zu den tiefen Missverständnissen bundesdeutscher politischer Kultur zählt[4] und darüber hinaus von Köhler über Rau, von Weizsäcker, ja
schließlich Lübke bis Heuss[5] auch die konkrete Amtausübung bis heute geprägt

---

1 Köhler, Horst: „Offen will ich sein – und notfalls unbequem". Ein Gespräch mit Hugo Mül-
ler-Vogg, Hamburg 2005.
2 Vgl. positiv bewertend z. b. den Kommentar von „Spectator": Der Mahner. Bundespräsident
Köhler ist im Begriff, seine Rolle zu finden und seiner Funktion gerecht zu werden; in: RuP,
4/2006, S. 193–193.
3 Vgl. m. w. N.: van Ooyen: Der Begriff des Politischen des Bundesverfassungsgerichts, Berlin 2005; zu den ideengeschichtlichen Wurzeln der etatistischen Schlagseite im deutschen
Staatsbegriff vgl. z. B. Rolin, Jan: Der Ursprung des Staates, Tübingen 2005.
4 „Latenter Verfassungskonflikt", so allgemein Patzelt, Werner J.: Die Deutschen und ihre politischen Missverständnisse; in: Breit, Gotthard: Politische Kultur in Deutschland, 2. Aufl.,
Schwalbach/Ts. 2004, S. 103.
5 Vgl. insgesamt Jäcke, Eberhard/Möller, Horst/Rudolph, Hermann (Hg.): Von Heuss bis Herzog. Die Bundespräsidenten im politischen System der Bundesrepublik, Stuttgart 1999.

hat. Exemplarisch wird das anhand der Staats- und Regierungslehre von Roman
Herzog analysiert, der als einflussreicher Staatsrechtler, früherer Verfassungsrichter und Bundespräsident dieses Amtsverständnis insoweit in typischer Weise re-
präsentiert.

1) Der Bundespräsident als Integrationsfigur: die „kryptomonarchische Natur" des Amtes

Auf den Begriff der „Integration" stößt man im öffentlichen Diskurs allenthalben.
Nicht nur bei der Diskussion um die Änderung des Staatsangehörigkeitsrechts
wird etwa der „Ausländer" in die vermeintliche „politische Einheit" des „deutschen Volkes" integriert – im übrigen von den Kritikern wie auch von den Befürwortern der Gesetzesänderung[6]. In geradezu schon „klassischer" Weise wird
auf die „Integration" vor allem zurückgegriffen, wenn es um die Bestimmung von
Stellung und Funktion des Bundespräsidenten geht. Dies gilt offensichtlich in Zei-
ten ramponierten Ansehens von Politikern durch Parteispenden-Skandale in au-
ßerordentlichem Maße. Anlässlich der „Flugaffäre" von Johannes Rau war etwa in
der „Zeit" zu lesen:

> „Die Sehnsucht nach einer moralischen Kraft an der Spitze des Staates ist in Krisenzei-
> ten besonders groß. Durch die Flugaffäre fiel Rau in einem Augenblick aus, in dem er
> dringend gebraucht worden wäre... ,Gelähmter Präsident', wurde in den Medien ge-
> höhnt, ,kopflose Republik'"[7].

Diese Sehnsucht nach kollektiver präsidialer „Sinnstiftung" ist dabei kein Phänomen, dass sich allein in der Presse beobachten lässt. Die juristische Standardliteratur
zum Grundgesetz etwa beschreibt die Funktion des Präsidenten als „neutral-
integrierend"[8], als Element der „Erhaltung staatlicher Einheit"[9] bzw. als „integrierend wirken"[10]. Dies mag angesichts der Traditionsstränge und „Schulenbildung"[11]

---

6   Vgl. van Ooyen: Zum neuen Staatsangehörigkeitsrecht; in: RuP, 2/2000, S. 125–128, van
    Ooyen: Demokratische Partizipation statt „Integration" (Teil II 4).
7   Grunenberg, Nina: Schmerz im Schloss. Warum schweigt Johannes Rau zur Spendenaffäre?;
    in: DIE ZEIT vom 27.01.2000; hier: Bezug zum CDU-Parteispenden-Skandal.
8   Hemmrich, Ulfried: Rnr. 1 zu Art. 54; in: von Münch, Ingo/Kunig, Philip (Hrsg.): GGK, Bd. 3,
    3. Aufl., München 1996.
9   Hesse, Konrad: Grundzüge des Verfassungsrechts der Bundesrepublik Deutschland, 20. Aufl.,
    Heidelberg 1995, S. 229.
10 Maunz, Theodor/Zippelius, Reinhold: Deutsches Staatsrecht, 30. Aufl., München 1998, S. 291.
11 Vgl. z. B.: Hammans, Peter: Das politische Denken der neueren Staatslehre in der Bundes-
    republik. Eine Studie zum politischen Konservatismus juristischer Gesellschaftstheorie, Op-

in der Rechtswissenschaft nicht überraschen. Erstaunlich ist jedoch, dass diese Lehre von der Politikwissenschaft, wenngleich nicht völlig kritiklos, so aber dennoch im Grundsatz bis heute einfach übernommen wird. Auch hier ist von dem „Integrationsfaktor"[12], der „Integrationsfigur" und dem „Integrationssymbol"[13], dem Repräsentanten der „Einheit des Staates"[14], dem „Amt für die Kontinuität und den Zusammenhalt einer konfliktbestimmten demokratischen Ordnung"[15], schließlich von der Person, die „über dem parteipolitischen Kampf und der machtpolitischen Auseinandersetzung stehen", die „Einheit des Staates symbolisieren"[16] soll, in verbreiteten Einführungswerken zum politischen System der Bundesrepublik ebenso selbstverständlich die Rede wie in der Eigendarstellung des Präsidialamtes[17].

Dabei ist ein so verstandenes Präsidialamt mit dem Konzept der pluralistischen Demokratie gar nicht kompatibel[18]. Hierauf hat vor einigen Jahren Hans-Peter Schwarz neuerlich aufmerksam gemacht:

> „Demokratie ist Streit, ist Polarisierung, ist Interessen- und Meinungskampf... Aber mit einem derartigen System, in dem die politischen Mehrheiten im Bund und in den Ländern den Minderheiten gegenüberstehen, in dem die Bundesregierungen mit den

---

laden 1987; Köppe, Olaf: Politische Einheit und pluralistische Gesellschaft. Ambivalenzen der Verfassungstheorie Ernst-Wolfgang Böckenfördes; in: KJ, 1/1997, S. 45–62. Günther, Frieder: Denken vom Staat her. Die bundesdeutsche Staatsrechtslehre zwischen Dezision und Integration 1949–1970, München 2004; van Ooyen: Der Staat – und kein Ende?; in: JöR, Bd. 54, Tübingen 2006, S. 151–166.

12　von Beyme, Klaus: Das politische System der Bundesrepublik Deutschland nach der Vereinigung, Neuausgabe, München – Zürich 1991, S. 295; vgl. auch 10. Aufl., Wiesbaden 2004, S. 304 ff.

13　Rudzio, Wolfgang: Das politische System der Bundesrepublik Deutschland, 4. Aufl., Opladen 1996, S. 323 bzw. 5. Aufl., Opladen 2000, S. 348; mit dem Hinweis, dass dies gar im Sinne einer „geistigen Führung... mit der Logik einer parlamentarischen Demokratie schwer vereinbar sein (dürfte)"; ebd., S. 349; vgl. auch 7. Aufl., Wiesbaden 2006, S. 298 f.

14　Ellwein, Thomas/Hesse, Joachim J.: Das Regierungssystem der Bundesrepublik Deutschland, Bd. 1, 8. Aufl., Opladen 1997, S. 334.

15　Sontheimer, Kurt: Grundzüge des politischen Systems der Bundesrepublik Deutschland, 14. Aufl., München – Zürich 1991, S. 265.

16　Sontheimer, Kurt/Bleek, Wilhelm: Grundzüge des politischen Systems der Bundesrepublik Deutschland, aktualisierte Neuausgabe, München – Zürich 1999, S. 330; gerade Sontheimer hat jedoch in seinen Arbeiten zur politischen Kultur in der Deutschland genau dieses Verständnis von Politik an anderer Stelle zu Recht als „etatistische Tradition" beklagt; vgl. ebd., S. 184 f.

17　Vgl. http://www.bundespraesident.de, Abfrage vom 15.12.2006.

18　Zur Pluralismustheorie vgl. Fraenkel, Ernst: Deutschland und die westlichen Demokratien, erw. 2. Aufl., Frankfurt a. M. 1990; m. w. N.: van Ooyen: Der Staat der Moderne. Hans Kelsens Pluralismustheorie, Berlin 2003.

Länderregierungen ringen, in dem die Sozialpartner, die weltanschaulichen Lager und viele andere Gruppen einander mehr oder weniger offen befehden – mit einem derartigen System ist das Amt eines den Gesamtstaat repräsentierenden, dem Parteien- und Meinungsstreit übergeordneten republikanischen Wahlmonarchen nur schwer vereinbar"[19].

Das durch vereinheitlichende „Sinnstiftung" aufgeladene Funktionsverständnis des Präsidialamtes trägt, so Schwarz, darüber hinaus quasi-religiöse Züge:

> „Ja es ist sogar festzustellen, daß gerade die nicht mit gewichtigen Zuständigkeiten ausgestatteten Staatspräsidenten gelegentlich neben der politisch-repräsentativen Funktion auch gewisse sakrale Elemente des seinerzeitigen Königtums mit einzubringen versuchen. So wie früher die Völker den Königen neben den im engeren Sinne politischen Aufgaben auch gewisse spirituelle Funktionen zugebilligt haben, so findet ein Präsident in weitgehend säkularisierten Gesellschaften wie der unseren erstaunlicherweise, aber offenkundig viel Zuspruch, wenn er sich in wohlüberlegten Staatsreden als eine Art weltlicher Oberpriester zu artikulieren versteht"[20]. …

> „Skeptisch-aufklärerischen Zeitgenossen mag die Befrachtung dieses Staatsamtes mit Sinndeutung, Sinnstiftung und umsichtiger Seelenführung mißfallen"[21].

Dieses Spannungsverhältnis „zwischen dem Geist pluralistischer, parlamentarischer Demokratie und kryptomonarchischer Natur des Amtes"[22] ist schließlich auch für Schwarz auf die „so einflußreich gewordene(n) Integrationstheorie Rudolf Smends" zurückzuführen[23]. Schärfster Kritiker der Lehre Smends schon zu ihrer Entstehungszeit ist zweifellos Hans Kelsen gewesen, Begründer der „Wiener Rechtsschule" und demokratischer Verfassungsrechtler auch der Weimarer Republik, der wie kaum ein anderer die theologischen Züge des Staatsbegriffs in der

---

19 Schwarz, Hans-Peter: Von Heuss bis Herzog. Die Entwicklung des Amtes im Vergleich der Amtsinhaber; in: APuZ, 20/1999, S. 13; hieran anschließend aus empirischer Sicht: Oppelland, Thorsten: (Über-)parteilich? Parteipolitische Konstellationen bei der Wahl der Bundespräsidenten und ihr Einfluss auf die Amtsführung; in: ZPol, 2/2001, S. 551–572.
20 Schwarz, ebd.
21 Ebd.
22 Ebd.
23 Ebd.

Tradition der deutschen Staatslehre[24] ideologiekritisch aufgezeigt hat[25] – und der zugleich einer der wenigen Staatsrechtler gewesen ist, die ohne Vorbehalt hinter Parlamentarismus, Pluralismus und Parteiendemokratie standen (s. o., Teil I).

2) Integration und Präsidialamt in der Staatslehre

a) Integration und politische Einheit

Smends Lehre von der Integration zur politischen Einheit kommt gleichwohl immer noch Bedeutung zu, da der Begriff der „Integration" in der Verfassungslehre, Verfassungstheorie und Politikwissenschaft der Bundesrepublik weiterhin tradiert wird[26]. Insoweit typisch hierfür ist das Verständnis von Staat und Präsidialamt bei Roman Herzog, das infolge seiner Rezeption von Smend antipluralistische Ambivalenzen enthält. Herzog definiert „Integration" im politischen Sinne als „„neue Wesenheit"", die durch den Zusammenschluss von Menschen „zu einem Ganzen" entsteht, also „nicht nur die Summe der Glieder darstellt"[27]. Längst vor der Übernahme des Amtes des Bundespräsidenten führt er mit explizitem Rückgriff auf Smend aus:

> „… denn wenn Integration eben jenes Zusammengehörigkeitsgefühl ist, kraft dessen ein Volk erst ein Volk wird, so kann die pluralistische Gesellschaft, in der dieses Zusammengehörigkeitsgefühl teilweise dem Gefühl von Gruppenzugehörigkeit gewichen

24 Insb. die Definition des Staats als „ursprüngliche Herrschermacht" z. B. bei Jellinek, Georg: Allgemeine Staatslehre, 3. Aufl., Berlin 1914, S. 180 bzw. S. 183. Denn „ürsprüngliche", d. h. nicht abgeleitete Macht gibt es in der Theologie als eine Eigenschaft Gottes – schöpferisch und sich selbst erschaffend – nicht jedoch im Bereich der von Menschen eingesetzten politischen Institutionen; vgl. z. B. Kelsen, Hans: Gott und Staat (1923); jetzt in: Ders.: Staat und Naturrecht. Aufsätze zur Ideologiekritik, hrsgg. von Ernst Topitsch, 2. Aufl., München 1989; van Ooyen: Totalitarismustheorie gegen Kelsen und Schmitt: Eric Voegelins „politische Religionen" als Kritik an Rechtspositivismus und politischer Theologie; in: ZfP, 1/2002, S. 56–82.
25 Zu Kelsen vgl. ausführlich van Ooyen, Der Staat der Moderne, aaO.
26 Vgl. die eingangs genannten einschlägigen Fundstellen. Dies gilt auch für weitere von Smend entwickelte Grundsätze, wie z. B. den der „Bundestreue"; vgl. Smend: Ungeschriebenes Verfassungsrecht im monarchischen Bundesstaat (1916); in: Staatsrechtliche Abhandlungen, Berlin 1955, S. 39 ff. Das BVerfG hat sich in dieser Frage explizit auf Smend berufen; vgl. Korioth, Stefan: Integration und Bundesstaat. Ein Beitrag zur Staats- und Verfassungslehre Rudolf Smends, Berlin 1990, S. 228 ff.; Oeter, Stefan: Integration und Subsidiarität im deutschen Bundesstaat. Untersuchungen zur Bundesstaatstheorie unter dem Grundgesetz, Tübingen 1998; van Ooyen: Der Begriff des Politischen des Bundesverfassungsgerichts, aaO, S. 133 ff.
27 Herzog, Roman: Der Integrationsgedanke und die obersten Staatsorgane, Reihe Kölner Juristische Schriften Band 1/2, Köln 1986, S. 3.

ist, nur als teil-integriert bezeichnet werden. Daß das Wir-Gefühl des Gesamtvolkes alle anderen Wir-Gefühle überwiegt, ist aber nicht nur für den Staat, sondern für jede gesellschaftliche Funktion lebensnotwendig"[28].

Das „Volk" wird auch bei Herzog als „Körper" hypostasiert, mit eigener existentieller Substanz versehen und als in der Geschichte handelndes Subjekt verstanden:

> „Es ist sehr wahrscheinlich, daß ein Volk... seine Existenz nicht nur fühlt, sondern erkennt und will. Auf der Hand liegt dabei, daß dies vorwiegend in Zeiten der Existenzbedrohung der Fall ist...
>
> Die bewußte und gewollte Zusammengehörigkeit macht aus einem Volke einen ganz anders strukturierten Aktionskörper, als dies in dem gewissermaßen paradiesischen Urzustand unbewußten Volkstums der Fall ist... Nation ist demgemäß jedes Volk, das sich seiner selbst bewußt geworden ist und damit zugleich die Bewahrung seiner Eigenart anstrebt"[29].

Bei so viel „Existenz" des „Volkes" und „Willen" zur „Existenz" bedarf es wohl keiner ausführlichen Erläuterung, wie stark an dieser Stelle sogar der Existentialismus von Carl Schmitt durchscheint[30]. Auch in seinem „Pluralismus-Artikel" findet sich eindeutig diese antipluralistische Tendenz und die Substantialisierung des Staats- bzw. Volksbegriffs[31]. Herzog anerkennt zwar zweifellos die Bedeutung der divergierenden Gruppeninteressen, sucht jedoch andererseits wegen der vermeintlichen Gefahr der Auflösung der politischen Einheit „Volk" durch Partialinteressen durchgehend nach Formen der Integration und Durchsetzung des

---

28 Herzog: Allgemeine Staatslehre, Frankfurt a. M. 1971, S. 81; die „Integration" des „Staatsvolks" als „zentrale Notwendigkeit" mit explizitem Rückgriff auf Smend knapp auch in: Herzog: Ziele, Vorbehalte und Grenzen der Staatstätigkeit; in: Isensee, Josef/Kirchhof, Paul (Hrsg.): Handbuch des Staatsrechts der Bundesrepublik Deutschland, Bd. 3, Heidelberg 1988, S. 119. Eine kurze Einordnung der Staatslehre Herzogs findet sich bei Hammans, aaO, S. 50 ff. Danach steht diese in der Tradition des „autoritären Etatismus".

29 Herzog: Allgemeine Staatslehre, S. 44.

30 Vgl. hierzu z. B. Schmitts Begriff der Verfassung als Entscheidung der (vorgegebenen) politischen Einheit „Volk" über die besondere Form seiner Existenz; Verfassungslehre, 8. Aufl., Berlin 1993, S. 20 ff., 83, 205 f.; zur Rezeption vgl. van Ooyen: „Volksdemokratie" und „Präsidialisierung": Schmitt-Rezeption im liberal-konservativen Etatismus: Herzog, von Arnim, Böckenförde ; in: Voigt, Rüdiger (Hrsg.): Carl Schmitt heute, Baden-Baden 2007, S. 39–59.

31 Zur Problematik des Begriffs der „Volkssouveränität" vgl. z. B. Möllers/van Ooyen: Parlamentsbeschluss gegen Volksentscheid: Die demokratische Legitimation der Rechtschreibreform in Schleswig-Holstein; in: ZfP, 4/2000, S. 458–467.

„wahren Interesses" der „Gesamtheit" – schließlich sei dies „… eine Lebensfrage schlechthin, daß im Volk wieder das Gefühl für das Ganze… geweckt wird"[32]. Im Unterschied zu Smend wird die kollektive Identität bei Herzog jedoch nicht durch die Integrationswirkung der Staatssymbole[33], sondern durch die Integration zur „Schicksalsgemeinschaft" (sic!) „gemeinsam bestandener und gemeinsam zu bestehender Gefahren bzw. … gemeinsam erbrachter Leistungen" erreicht[34]. Auch in aktuellen Reflexionen über die Verfassung hält Herzog hieran fest, bezeichnet etwa den zu verzeichnenden Geburtenrückgang des „deutschen Volkes" als „Schicksalsfrage"[35]. Diese Vorstellung von einem kollektiven Schicksal als Konstituens eines politischen Gemeinwesens ist überaus merkwürdig – nicht nur, weil schon der Begriff der „Schicksalsgemeinschaft" in seiner Konnotation als homogene, „geschlossene" Gemeinschaft mit dem Begriff der pluralistischen, „offenen" Gesellschaft[36] kontrastiert[37]. Sie ist es erst recht in der Silbe „Schicksal", die eine jenseits der freien Entscheidung des Individuums stehende Notwendigkeit, Vorherbestimmtheit der Gemeinschaft beinhaltet[38].

---

32 Herzog: Pluralismus, pluralistische Gesellschaft; in: Evangelisches Staatslexikon, Bd. 2, 3. Aufl., Stuttgart 1987, Sp. 2 539 – 2 548.

33 Vgl. hierzu den Begriff der „sachlichen Integration" nach Smend in Teil I 1.

34 Herzog: Allgemeine Staatslehre, S. 82. In den späteren Reden seiner Präsidentschaft schimmert dieses Verständnis durch, z. B.: „Die Nation ist eine Gemeinschaft, die getragen ist vom Gefühl gemeinsamer Hoffnungen und gemeinsamer Opfer, vergangener, gegenwärtiger und zukünftiger. Hier liegt ein tragender Gedanke jeder Form von Gemeinschaft…"; Einleitendes Statement im Rahmen eines Podiumsschlussgespräches zum Thema „Unverkrampfte (!) Nation" von Bundespräsident Roman Herzog im Deutschen Nationaltheater am 01.10.1995, www.bundespraesident.de. (unter „Herzog/Reden"), Abfrage vom 15.12.2006.

35 Herzog: Strukturmängel der Verfassung? Erfahrungen mit dem Grundgesetz, München 2000, Kap. „Die Schicksalfrage, Demographie und Demokratie", S. 136, i. V. m. der „Rentenproblematik". Die Idee, dass dies rein rechnerisch, so wie Herzog es hier betrachtet, durch Zuwanderer lösbar wäre, scheint ihm gar nicht zu kommen – offenbar, weil diese nicht so einfach zum „deutschen Volk" als „Schicksalsgemeinschaft" gezählt werden können.

36 Vgl. (bei aller Kritik am Platon-Verständnis) Popper, Karl: Die offene Gesellschaft und ihre Feinde, 2 Bde, 7. Aufl., Tübingen 1992.

37 Vgl. so schon Tönnies, Ferdinand: Gemeinschaft und Gesellschaft (8. Aufl., 1935), Darmstadt 1963. Diese Ambivalenz zeigt sich aktuell beim sog. Kommunitarismus, wonach die vermeintliche „Zerfaserung" der „liberalistischen" Gesellschaft kritisiert und hiergegen in zum Teil offener Ablehnung der pluralistischen Demokratie die homogene Einheit einer Gemeinschaft positioniert wird; vgl. einführend m. w. N. APuZ, 36/1996 mit Beiträgen von Walter Reese-Schäfer, Sibylle Tönnies, Hauke Brunkhorst und Lothar Probst.

38 Man käme zu auch nicht auf den Gedanken, von einem Millionär – weil er „Deutscher" ist – ob des „gemeinsamen Schicksals" die Herausgabe des Vermögens zu verlangen. Das würde man allenfalls, wenn überhaupt, bei der „Ehegemeinschaft", also im privaten Bereich sich vorstellen können. Im politischen Sinne aber, d. h. unter Freien und Gleichen, gibt es gar keine Gemeinschaft als eine ursprüngliche politische Einheit und schon gar kein gemeinsames „Schicksal".

b) Integration und das Amt des Bundespräsidenten

Aus dieser Prämisse folgt das entsprechende Funktionsverständnis des Präsidial-amtes: Dieser sei wie kein anderer dazu berufen[39], „die Einheit des Staates zum Ausdruck zu bringen", müsse angesichts der „Aufgaben und Gefährdungen" vor allem der „Integration... dienen"[40]. So sind nach Auffassung von Herzog Parla-ment und Regierung – wie schon bei Smend – gar nicht in der Lage wirklich zu integrieren:

> „Das ist eine selbstverständliche Folge des parlamentarischen Regierungssystems und des Mehrheitsprinzips... Regierungen und Parlamentsmehrheiten werden in diesem System daher niemals nur integrieren"[41].

Auch in seiner Grundgesetz-Kommentierung – immerhin einer der maßgeblichen juristischen Kommentare überhaupt – kommt Herzog, die „staatspolitische Rolle" des Bundespräsidenten beschreibend, deutlich zu diesem Ergebnis:

> „..., daß vom Bundespräsidenten auch die Fähigkeit zur Integration des Staatsvolkes er-wartet werden muß. In einer pluralistischen Demokratie, in der die unvermeidlichen... Gruppeninteressen starke zentrifugale Kräfte freizusetzen pflegen, kommt es entschei-dend darauf an, daß es ebenso starke zentripetale Kräfte gibt, die die Einheit des Ge-meinwesens betonen und stärken; denn ohne dieses Bewußtsein der Einheit... sind auf Dauer... weder die Ergebnisse gesellschaftlicher Selbstregulierungsprozesse noch par-lamentarische Mehrheitsentscheidungen erträglich"[42].

Wahrer Repräsentant der politischen „Einheit" ist somit allein der Präsident. Kon-sequent folgert Herzog hieraus, dass der Präsident hinsichtlich der Reden, die ja möglicherweise in die Richtlinienkompetenz des Bundeskanzlers oder die Res-sortkompetenz eines Ministers nach Art. 65 GG eingreifen, nicht gegenzeich-nungspflichtig[43] sein könne:

---

39 Herzog hält allenfalls das Verfassungsgericht noch für integrationsfähig; vgl. Herzog: Der In-tegrationsgedanke und die obersten Staatsorgane, aaO, S. 17 ff.
40 Herzog: Allgemeine Staatslehre, aaO, S. 289 f.
41 Herzog: Der Integrationsgedanke und die obersten Staatsorgane, S. 16.
42 Herzog: Art. 54; in: Maunz, Theodor/Dürig, Günter u. a. (Hrsg.), GGK, Rnr 99, München 1986.
43 Mit der Gegenzeichnung von Anordnungen und Verfügungen des Bundespräsidenten nach Art. 58 GG übernimmt der Kanzler bzw. der zuständige Minister die parlamentarische Ver-antwortlichkeit für die Amtshandlungen des Präsidenten. Ob auch die Reden des Präsiden-ten unter den Begriff der „Anordnung" oder „Verfügung" fallen, mag ja von der Auslegung des Wortlauts her strittig sein. Aber das ist hier nicht das Argument, das Herzog anführt.

„Deshalb glaube ich, daß er dafür nicht die Gegenzeichnung der Regierung braucht; denn um das ganze Volk zu integrieren, kann er nicht auf die Zustimmung einer Regierung angewiesen sein, die normalerweise nur die eine Hälfte des Volkes hinter sich hat"[44].

Vor dem Hintergrund dieses Verständnisses ist es dann – ironisch formuliert – auch systematisch richtig, dass sich der Präsident im Gegensatz zu Kanzler und Minister parlamentarischer Verantwortung entzieht – und zwar nicht deshalb, weil gerade darin eine Entsprechung zu seiner Kompetenzlosigkeit liegt, sondern weil er ja mehr als „nur die eine Hälfte des Volkes hinter sich hat". Denn parlamentarische Verantwortung durch Gegenzeichnung nach Art. 58 GG hieße dann, das „Volk" als „Ganzes" zu kontrollieren, das sich in Amt und Person des Präsidenten permanent integriert. Und wer wollte sich das – als Demokrat – anmaßen?

Als Repräsentant der überindividuellen, mit Substanz versehenen politischen Einheiten „Staat" und „Volk" ist für Herzog der Bundespräsident jenseits des Interessenstreits der Parteien oberstes Staatsorgan, das „nur dem ‚Gemeinwohl'" dient[45]. Aus pluralismustheoretischer Sicht ist eine solche Formulierung nicht nur fragwürdig, sondern völlig unhaltbar: Zu Recht hatte der Rechtsphilosoph Gustav Radbruch schon zur Zeit der Diskussion um die Rolle der Parteien in der Weimarer Republik die von Seiten konservativer Staatslehre angesichts vermeintlicher Unvereinbarkeit von Staat und Parteien[46] angeführte Überparteilichkeit als „die Lebenslüge des Obrigkeitsstaates" bezeichnet[47]. Herzog scheint die Unmöglichkeit seiner Formulierung zu erahnen, setzt er doch den Begriff Gemeinwohl selbst in Anführungszeichen. Er relativiert die Aussage dahin, dass zumindest Situationen vorstellbar seien – etwa im Rahmen der politischen Entscheidungskompetenz von Art. 63, Art. 68 und Art. 81 GG – in denen der Präsident objektiv betrachtet nicht neutral bleiben könne und wohl damit zufrieden sein müsse, sich immerhin subjektiv nur um das Gemeinwohl bemüht zu haben[48]. Bleibt zu fragen – ohne die jeweilige persönliche Lauterkeit überhaupt in Abrede zu stellen – welches Kriterium dem jeweiligen Amtsinhaber hilft, das „Gemeinwohl" vom „eigenem Wohl" zu unterscheiden. Herzog hält dagegen das Amt des Bundespräsidenten als „Ein-Mann-Organ" überhaupt für besonders geeignet, die „Einheit des Staates" zu verkörpern. Schließlich sei zu „etwas anderem... ein einzelner Mensch gar nicht

---

44　Herzog: Der Integrationsgedanke und die obersten Staatsorgane, S. 20.
45　Herzog: Art. 54, aaO, Rnr 90.
46　Vgl. z. B. Triepel, Heinrich: Die Staatsverfassungen und die politischen Parteien, Berlin 1928.
47　Radbruch: Die politischen Parteien im System des deutschen Verfassungsrechts; in: Anschütz, Gerhard/Thoma, Richard (Hrsg.): Handbuch des deutschen Staatsrechts, Bd. 1, Tübingen 1930, S. 289.
48　Herzog: Art. 54, Rnr 90.

imstande"[49]. Über diese recht gewagte Analogie zwischen der vermeintlichen Einheit des Individuums und der des Staates hinaus wird die Repräsentationsfunktion des Präsidenten jedoch noch umfassender definiert – und dabei explizit eben nicht in einem technischen Sinne der Repräsentation, etwa einer bloß formalen „Anlaufstelle" für Diplomaten bzw. eines „Zeremonienmeisters" der nach den Gepflogenheiten internationaler Courtoisie sich vollziehenden Staatsempfänge. Nein, der Präsident ist vielmehr „echter" Repräsentant im existentiellen Sinne:

> „Der Bundespräsident ist zweifellos das wichtigste Repräsentationsorgan... man muß sich allerdings davor hüten, den Begriff der Repräsentation in dem törichten und vordergründigen Sinne zu verstehen, in dem er von der Umgangssprache meist verwendet wird (etwa im Sinne von Teilnahme an Festessen und Stehempfängen). Der Bundespräsident ist kein Frühstücksdirektor, sondern er repräsentiert... den wichtigsten Gedanken, den es in einem modernen Staat überhaupt zu repräsentieren gibt: den der Existenz, der Legitimität und der Einheit des Staates"[50].

Der Bundespräsident ist also nicht einfach eine Institution, der via Verfassung bestimmte Kompetenzen im Verhältnis zu anderen Institutionen wie Parlament und Regierung zufallen. Für Herzog ist der Präsident zwar kein „Hüter der Verfassung" im Schmittschen Sinne[51] – schließlich sind die präsidialen Kompetenzen im bundesdeutschen Regierungssystem kaum mit denen in einem Präsidial-[52] oder Mischsystem[53] wie in Weimar vergleichbar – aber er ist Inbegriff der existentiellen politischen Einheit „Staat", also des Volkes als „Schicksalsgemeinschaft". Abgesehen davon, dass ein jeder Amtsinhaber unter dieser staatstragenden Last als Mensch zusammenbrechen müsste – schließlich hätte er ja die Totalität von 80 Millionen Einwohnern existentiell zum Ausdruck bringen – ist es schon er-

---

49 Ebd., Rnr 7.
50 Ebd., Rnr 97; auch in der neuen Fassung von 2009 (54 Lfg.).
51 Vgl. Schmitt: Der Hüter der Verfassung, 4. Aufl., Berlin 1996.
52 Hier eher mit Bezug auf das politische System der USA beklagt nämlich Herzog: „Integrationsquellen von bes. Wirksamkeit sind regelmäßig die vom ganzen Volk gewählten Staatsoberhäupter, sofern sie über echte Entscheidungsbefugnisse verfügen... Das dt. Verf.system, das auf den Traditionen des Parlamentarismus aufbaut und überdies einen ausgesprochen schwachen Bundespräsidenten besitzt, hat dem im Führer der Regierungspartei und seiner ‚Mannschaft' nicht immer Vergleichbares zur Seite zu stellen"; Herzog: Pluralismus, pluralistische Gesellschaft, aaO, Sp. 2547.
53 Zur Typologie der Regierungssysteme vgl. Brunner, Georg: Vergleichende Regierungslehre, Bd. 1, Paderborn u. a. 1979; auf den Streit um das „Mischsystem" als Typus kann hier nicht eingegangen werden, vgl. daher mit a. A. Steffani, Winfried: Parlamentarisch-präsidentielle „Mischsysteme"? Bemerkungen zum Stand der Forschung in der Politikwissenschaft; in: Luchterhandt, Otto (Hrsg.): Neue Regierungssysteme in Osteuropa und der GUS, Berlin 1996, S. 11–62.

staunlich, dass für Herzog zu den „wichtigsten Gedanken", die es zu repräsentieren gilt, die Legalität – Recht und Gesetz – überhaupt nicht zählt. Offensichtlich und erstaunlich ist es für ihn als Verfassungsjuristen nicht naheliegend, dass die „Einheit" in der Vielheit der politischen, religiösen, wirtschaftlichen, kulturellen usw. Interessen und Meinungen gerade hierdurch gestiftet wird: Denn das die pluralistische Gesellschaft einigende Band zwischen Freien und Gleichen ist doch das Gesetz, d. h. als lex fundamentalis die Verfassung – so im übrigen nicht nur bei Hans Kelsen oder etwa Immanuel Kant[54], sondern so schon vor 2 000 Jahren in der „res publica" von Marcus T. Cicero[55].

c) Integration und Präsidialisierung des Regierungssystems

Gegenüber dieser etatistischen Überhöhung des Präsidialamtes ist also für ein bloß technisches Verständnis zu plädieren, wenn man nicht so weit wie Kelsen gehen will, der es als monarchistische Reminiszenz in einer parlamentarischen Demokratie überhaupt für überflüssig gehalten hat[56]. Mit Karl Loewenstein[57] kann die Funktion des Präsidialamts allgemein der institutionellen Machtverteilung und wechselseitigen Kontrolle zugeordnet werden, die durch „checks and balances" die Pluralität der Machtzentren gewährleisten[58].

Vor diesem Verständnishintergrund allein – und nicht angereichert durch „sinnstiftende" Integration zur politischen Einheit als Schicksals- oder sonstiger Gemeinschaft – ist daher die Regelung der bundesdeutschen Kompetenzverhältnisse zwischen Parlament, Regierung und Präsident zu sehen, wie sie auch die

---

54　„Ein Staat (civitas) ist die Vereinigung einer Menge von Menschen unter Rechtsgesetzen"; Kant: Die Metaphysik der Sitten, Stuttgart 1997, § 45, S. 169; vgl. aktuell: Keil, Rainer: Kants Demokratieverständnis und Ausländerwahlrecht heute, Baden-Baden 2006.

55　„Quid est enim civitas nisi iuris societas civium?" (Was ist denn der Staat (besser: Bürgerschaft, RvO), wenn nicht die Rechtsgemeinschaft der Bürger?); Cicero: De re publica (liber primus)/Der Staat, in der Übersetzung von K. Büchner, Düsseldorf – Zürich 1999, S. 66 bzw. 67 – wobei noch zu bedenken ist, dass die Übersetzung von „civitas" mit dem neuzeitlichen Begriff des „Staats" völlig schief ist. Zu Cicero vgl. einführend: Gugg, Karl H.: Cicero; in: Maier, Hans/Rausch, Heinz/Denzer, Horst (Hrsg.): Klassiker des politischen Denkens, Bd. 1. Von Plato bis Hobbes, 6. Aufl., München 1986, S. 70–93; zu den Misverständnissen hinsichtlich des Staatsbegriffs vgl. Roth, Klaus: Genealogie des Staates. Prämissen des neuzeitlichen Politikdenkens, Berlin 2003.

56　Vgl. Kelsen: Allgemeine Staatslehre, aaO, S. 363.

57　Vgl. m. w. N. van Ooyen: Ein moderner Klassiker der Verfassungstheorie: Karl Loewenstein (1891–1973); in: ZfP, 1/2004, S. 68–86; van Ooyen: Verfassungsrealismus, aaO.

58　Vgl. Loewenstein: Der Staatspräsident. Eine rechtsvergleichende Studie; jetzt in: Ders.: Beiträge zur Staatssoziologie, Tübingen 1961, S. 331 ff.; vor allem aber Loewenstein: Verfassungslehre, Tübingen 1959, Kap. zu den Organkontrollen, S. 167 ff.

Verfassung insbesondere in den Art. 63 IV, 68, 81 GG als präsidiale „Reserve" und mit Einschränkung in Art. 82 GG beschreibt. Daraus ergibt sich, dass auch die zuletzt genannte, rechtliche Prüfungskompetenz des Bundespräsidenten gegenüber Parlamentsgesetzen äußerst eng begriffen werden muss, zumal mit der Institution des Verfassungsgerichts ein Instrument von „checks and balances" gegeben ist, dessen Kompetenzen im politischen System der Bundesrepublik gerade mehr als ausreichend vorhanden sind[59]. Insofern war schon die Änderung des Bundesverfassungsgerichtsgesetzes im Jahre 1956 konsequent, die die in der Ära Heuss noch mögliche präsidiale Kompetenz abschaffte, beim Verfassungsgericht um Gutachten zu ersuchen. Allerdings erfolgte diese erst nachdem Theodor Heuss, der usprünglich im Jahr 1949 noch den Wunsch geäußert hatte, an Kabinettssitzungen teilzunehmen und auch in der Folgezeit auf die Personalpolitik der Regierung Adenauer politischen Einfluss zu gewinnen suchte, aus dem verfassungsrechtlichen und politischen Streit um den „Wehrbeitrag" politisch beschädigt hervorging und auf künftige Gutachtenersuche überhaupt verzichtete[60].

Es ergibt sich außerdem, dass die etatistisch verklärte Rolle des Bundespräsidenten als „Mahner" und jenseits der parteipolitischen Gegensätze stehender „Warner", wie sie bis zur aktuellen Amtsausübung durch Horst Köhler praktiziert worden ist, mit einer so verstandenen Balancierung der Institutionen von Parlament, Regierung, Präsident und Verfassungsgericht kaum vereinbar ist. Dies gilt erst recht angesichts der Tatsache, dass der Rede in der demokratischen Republik – das wusste schon der antike Rhetor – eine herausragende politische Bedeutung zukommt, sodass die präsidiale Rede – verfassungsrechtlich betrachtet – permanent in der Gefahr eines unzulässigen Eingriffs in die Richtlinienkompetenz des Kanzlers steht. Umgekehrt, soweit Bundespräsidenten diese Funktion in ihrem Amtsverständnis trotzdem für sich beanspruchen, ist das Amt dann Teil des politischen Entscheidungsprozesses, das sich selbstverständlich auch einschlägige Kritik gefallen lassen muss.

Völlig unvereinbar hiermit jedoch ist die seit einigen Jahren in der Diskussion um die „Krise" von Parlamentarismus und „Parteienstaat" von der liberalkonservativen Richtung geforderte „Präsidialisierung" des Regierungssystems[61].

---

59 Zu dessen Macht vgl. van Ooyen/Möllers: Das Bundesverfassungsgericht im politischen System, aaO.

60 Vgl. Wengst, Udo: Die Prägung des präsidialen Selbstverständnisses durch Theodor Heuss 1949–1959; in: Jäckel/Möller/Rudolph, aaO, S. 67 f.

61 Z.B. Hans Herbert von Arnim, der für die Einführung von Präsidialsystemen auf Landesebene mit direkt gewählten Ministerpräsidenten plädiert; vgl. dagegen van Ooyen: Präsidialsystem und Honoratiorenpolitiker?; in: RuP, 3/2000, S. 165–171; ausführlich m. w. N.: Backmann, Jan L.: Direktwahl der Ministerpräsidenten. Als Kern einer Reform der Landesverfassungen, Berlin 2006.

So schlägt auch Roman Herzog eine Stärkung bundespräsidialer Kompetenzen im Rahmen des Art. 63 GG wie folgt vor:

> „Die Möglichkeit der Nichternennung des vom Bundestag mit absoluter Mehrheit gewählten Kanzlers mit Folge der Parlamentsauflösung im Falle des Fehlens einer mehrheitsfähigen Regierungskoalition, d. h. bei Wahl eines Kanzlers, dessen Regierungskoalition aber dann nicht alle Fraktionen der Abgeordneten umschließt, die ihn gewählt haben, so dass die Tolerierung durch eine kleine Nicht-Regierungsfraktion notwendig bleibt[62].

Die Stärkung des Ermessens im Rahmen der präsidialen „Reserve" des Art. 63 IV GG in der Weise, dass der Präsident beim letzten Wahlgang im Falle einer nur relativen Mehrheit frei entscheiden können müsse, auch einen nur knapp unterlegenen Gegenkandidaten zum „Minderheitskanzler" zu ernennen.

Denn, so Herzog, es mache

> „… nur wenig Sinn, wenn der Bundespräsident einen ersichtlich unfähigen Bewerber ernennen muß, während der nächsterfolgreiche Bewerber vielleicht eine ordentliche politische Leistung erwarten ließe"[63].

Nun, von dort aus ist es dann gar kein großer Schritt, die Bestimmung des Kanzlers überhaupt dem Präsidenten zu überlassen, der als „wahrer" Repräsentant des „ganzen Volkes" das „Gemeinwohl" kennt, daher „überparteilich" den ersichtlich unfähigen Kandidaten der Mehrheit (!) verhindert und den zur ordentlichen Politik wirklich Befähigten benennt. Eine solche Absicht zur „Reform" des parlamentarischen Systems verhüllt kaum noch die dahinter stehende Konzeption: weg von der parlamentarischen, pluralistischen Parteiendemokratie hin zur Smendschen Integration politischer Einheit in Form von „über" den Interessensgegensätzen stehender präsidial-autoritärer Räson. Oder in der Diktion von Max Weber formuliert: hin zur „irrationalen", quasi-sakral aufgeladenen Form der charismatischen Herrschaft[64], die sich einer Kritik überhaupt radikal entzieht. Denn schon im derzeitigen Verständnis gilt es ja über alle Parteigrenzen hinweg als Tabu, den Bundespräsidenten als „Integrator" des „Volkes" zu kritisieren, selbst wenn die-

---

62　Vgl. Herzog: Strukturmängel der Verfassung?, aaO, S. 33 f.; angesichts der durchaus realistischen Möglichkeit bei der Bundestagswahl 1998 für den Fall, dass „Rot-Grün" nicht die absolute Mehrheit erreicht hätte, der Kanzler mit den Stimmen der PDS-Abgeordneten gewählt, ohne dass die PDS jedoch an der Regierungskoalition beteiligt worden wäre.

63　Ebd., S. 35.

64　Vgl. Weber, Max: Wirtschaft und Gesellschaft, Kap. „Die Typen der Herrschaft", 5. Aufl., Tübingen 1972, S. 122 ff., 140 ff.

ser in seinen Reden ganz direkt und offen politisch Stellung bezogen hat. Diese „Entrückung" ist noch nicht einmal dem Bundesverfassungsgericht gelungen, das sich immerhin manchmal Kritik gefallen lassen muss, obschon es im Ansehen der Bürger auch ganz weit „oben" rangiert – und dies wohl nicht zuletzt deshalb, weil es wie der Bundespräsident von einem obrigkeitsstaatlichen, antipolitischen Affekt profitiert[65]. Von hier aus betrachtet war der kontrovers aufgenommene Rücktritt von Horst Köhler sogar folgerichtig, weil Kritik am Präsidenten als dem „Hüter" des „Volkes", das sich zur „politischen Einheit" permanent „integriert", dann immer als „Majestätsbeleidigung", ja als quasireligiös aufgeladenes „Sakrileg" empfunden werden muss – nicht von ungefähr hat ja Carl Schmitt eine „politische Theologie" verfasst; und schon deshalb täte in Bezug auf ein solches Amtsverständnis endlich ein richtiger politischer Streit um Wahl und Amtsführung des Präsidenten/in der Demokratie gut.

3) Mehr Demokratie durch Direktwahl?

Regelmäßig taucht im Vorfeld der Neuwahl eines Bundespräsidenten auch die politische Forderung einer Direktwahl auf[66]. Dieses Mal etwas verhaltener und „verspätet" angesichts der mit dem überraschenden Rücktritt von Horst Köhler verbundenen engen Fristen und angesichts der Präsentation der beiden Hauptkandidaten für die Bundesversammlung, die sich nun wiederum nach dem bekannten Muster politisiert: der „koalitionär" bestimmte niedersächsische Ministerpräsident Christian Wulff, der jetzt im Vergleich zu dem von der SPD „parteiübergreifend(!)" clever ins Spiel gebrachten und „gefühlten Nicht-Politiker" Joachim Gauck dann doch als eher „farblos", politisch „glatt" empfunden und dessen Nominierung vor allem als parteipolitische Ranküne, als innerparteiliches Spiel über die Bande, auch zur Ausbootung Dritter erscheint. So mag Wulff zwar die Mehrheit bekommen, Gauck aber wäre der „bessere", wohl zudem bei einer Direkt-

65 Vgl. Vorländer, Hans: Der Interpret als Souverän. Die Macht des Bundesverfassungsgerichts beruht auf einem Vertrauensvorschuß, der anderen Institutionen fehlt; in: FAZ vom 17.04. 2000; Patzelt, Werner: Warum verachten die Deutschen ihr Parlament und lieben ihr Verfassungsgericht? Ergebnisse einer vergleichenden demoskopischen Studie; in: ZParl, 3/2005, S. 517–538.
   Zur „etatistischen" und „unpolitischen" Tradition in der deutschen politischen Kultur sei noch einmal verwiesen auf Sontheimer/Bleek, aaO, S. 182 ff. In diesen Kontext passt auch der Befund, dass man im Institutionenvergleich den Gerichten und der Polizei (!) nach wie vor am meisten Vertrauen entgegenbringt; vgl. z. B. Rudzio, aaO, 5. Aufl., S. 551 f.
66 Vgl. van Ooyen, Das Amt des Bundespräsidenten. Mehr Streit oder gar Abschaffung täte der Demokratie gut – zu einem weit verbreiteten Fehlverständnis über seine Funktion im parlamentarischen Regierungssystem; in: RuP, 3/2010, S. 129–133.

wahl obsiegende „Bürger"- und nicht „Parteien-Präsident" (auch mancher Kandidat bzw. die ihn nomierende Partei hat nach einer verlorenen Wahl in diesem Sinne „nachgekartet").

Diese Forderung ist unter den Bedingungen des bundesdeutschen politischen Systems unsinnig. Denn eine Direktwahl würde das Präsidentenamt nicht nur entgegen dem Wunsch nach einem „neutralen" Staatsoberhaupt noch mehr „politisieren" – man stelle sich nur die Wahlkämpfe im Vorfeld vor[67]. Sie ist es aber gerade auch seitens des von Befürwortern immer wieder bemühten Arguments von „mehr Demokratie": So bedingt die Einführung der Direktwahl einen grundsätzlichen Wechsel bzw. eine Verschiebung vom parlamentarischen Regierungssystem mit permanenter politischer Verantwortlichkeit des Regierungschefs vor dem Parlament (insb. Misstrauensvotum) hin zu einem präsidial-parlamentarischen „Mischsystem" mit parlamentarisch nicht verantwortlicher starker Präsidialmacht. Denn einen direkt gewählten Bundespräsidenten wird man in seinen Aufgaben und Kompetenzen dann nicht so machtlos lassen können wie bisher – so auch die überwiegende Meinung in der Staatslehre und in der Rechtsprechung des Bundesverfassungsgerichts nach der hier vertretenen sog. „Wesentlichkeitstheorie". Danach muss die „Machtfülle" eines Organs wenigstens im Grundsatz der „Höhe" seiner demokratischen Legitimation entsprechen: Direkte Wahl und dann relativ wenig „machen" zu können – das macht gerade demokratisch betrachtet keinen Sinn, sondern wäre eine Farce. Und genau deshalb sprach man man ja bis zum Lissabon-Vertrag auch von einem europäischen Legitimationsdefizit im Hinblick auf die zu schwache Stellung des Europaparlaments. Schon mit der derzeitigen Wahl durch die Bundesversammlung wäre demnach der Bundespräsident im Institutionengefüge eine „Fehlkonstruktion", weil „überlegitimiert". Bei einer Direktwahl aber müsste man das Präsidentenamt zumindest deutlich stärken gegenüber dem des Bundeskanzlers, der in seiner demokratischen Legitimation vergleichsweise schwächer wäre – aus Sicht der deutschen Verfassungsgeschichte bedeutete das also die Rückkehr zu „Weimar". Und schon in Weimar war der Reichspräsident als Bürgerkönig der „Ersatzkaiser" für die Sehnsucht nach der untergegangenen Monarchie.

---

67 Vgl. hierzu schon die Wiener/Weimarer Kontroverse zwischen Hans Kelsen und Carl Schmitt um den „Hüter der Verfassung"; m. w. N. van Ooyen (Hrsg.), Hans Kelsen. Wer soll der Hüter der Verfassung sein?, Tübingen 2008; ders., „Volksdemokratie" und „Präsidialisierung", aaO. In seiner Entgegensetzung von Liberalismus und Demokratie geht Schmitt bei der plebiszitären Legitimation aber noch einen Schritt weiter: Denn nur die Einzelwillen von Privaten, nicht aber der „Volkswille" lasse sich durch geheime Wahlen und Mehrheitsentscheidungen als positivistisch-technische Mechanismen des Liberalismus überhaupt erfassen – wirkliche Demokratie entstehe dagegen nur durch die öffentliche „Akklamation"; vgl. Verfassungslehre, aaO, S. 243 ff.

Und in der Tat: Schaut man auf die Entstehungszeit und den Kontext des Präsidialsystems, dann wird die konstitutionelle Monarchie des ausgehenden 18. Jahrhunderts wieder sichtbar. Zu dieser Zeit entstand das amerikanische Regierungssystem – der Prototyp präsidialer Systeme – als ein Derivat der konstitutionellen Monarchie; sein machtvolles, über Wahlmänner nur mittelbar demokratisch legitimiertes Präsidentenamt war als „Wahlmonarchie" und Gegengewicht zum direkt gewählten Kongress nach der Vorlage der konstitutionellen Monarchie entworfen worden, mit dem – funktional betrachtet insofern gar nicht gravierenden – Unterschied, dass sich der amerikanische Verfassungsgeber im Exekutivspitzenamt keinen König vorstellen konnte. Dies ergab sich sogar als Missverständnis des amerikanischen Verfassungsgebers, weil die „strenge" Funktionstrennung, die sich dann insb. mit der Inkompatibilität von Amt und Mandat im Art. I Sektion 6 der US-Verfassung niederschlug, in der englischen Monarchie zu dieser Zeit schon längst überholt war. Die Lehre von der strikten Trennung der Gewalten ist im 19. Jahrhundert dann vor allem Ausdruck des gelungenen Versuchs, der dynastisch bestellten Exekutive gegenüber dem gewählten Parlament einen autonomen Bereich der Macht zu sichern, der sich der parlamentarischen Kontrolle entzog. In der deutschen Verfassungsgeschichte des 19. Jahrhunderts hat das wohl kaum jemand besser verstanden als Otto von Bismarck, der vom preussischen Verfassungskonflikt angefangen bis zur Reichsverfassung von 1871 eine Parlamentarisierung der konstitutionellen Monarchie verhinderte – mit allen negativen Implikationen, die das dann für die Konzeption des Amtes des Reichspräsidenten in der Weimarer Republik zeitigte.

So gesehen ist also die „Präsidialisierung" des Regierungssystems ein Anachronismus im Zeitalter der Demokratie. Wer sich hieraus überdies mehr „Sachorientierung" und „Neutralität" statt „Parteipolitik" verspricht, „beweist lediglich, daß er für die Demokratie nicht reif ist", weil er – in den Worten Ernst Fraenkels – den „Zusammenhang zwischen demokratischer Selbstregierung und politischem Machtkampf nicht (anerkennt)"[68]. Denn das Präsidialsystem stärkt ja gerade die Exekutive durch Schaffung eines autonomen Machtbereichs, selbst wenn dieser durch direkte Wahl legitimiert wird. Und deshalb ist das parlamentarische Regierungssystem das „demokratischere". In diesem Sinne wäre daher „mehr Demokratie" überhaupt nur über eine konsequente Abschaffung des Amtes zu erreichen. Soweit man – in Anlehnung an die klassische englische Verfassungstheorie – nicht auf die Symbolik gewisser „dignified parts"[69] (Ordensverleihung, feierliche Ernennungen, Staatszeremoniell usw.) verzichten wollte, ließe sich diese Funktion auch auf die anderen Verfassungsorgane verteilen, etwa den Bundestagspräsi-

---

68 Fraenkel, Ernst: Reformismus und Pluralismus, Hamburg 1973, S. 321.
69 Bagehot, Walter: The English Constitution, Nachdr. London 1963.

denten, den Bundesratspräsidenten und den Präsidenten des Bundesverfassungsgerichts. Das gilt analog für die „echten" politischen Kompetenzen im Rahmen
der sog. präsidiale Reserve, insb. im Falle der Bundestagsauflösung.

„Integrationsfunktion" des Bundesverfassungsgerichts?

2

1) „Hohe Politik" und das „integrierte Ganze" von „Staat und Volk" im Statusbericht: Gerhard Leibholz

Mit dem Grundgesetz war zwar in Abkehr von der schwachen Staatsgerichtsbarkeit in Weimar eine machtvolle Verfassungsgerichtsbarkeit im Sinne Kelsens geschaffen worden, die sich vor allem in der Kompetenz zur Normenkotrolle niederschlug. Doch vor dem Hintergrund der in Weimar geführten staatstheoretischen Kontroverse um die Vereinbarkeit von Verfassungsgerichtsbarkeit und Demokratie bzw. Gewaltenteilung erwies sich die Stellung des neuen Bundesverfassungsgerichts als unklar: War es ein „politisches" Organ, eigenständig und gleichberechtigt in seiner Position zu den anderen Verfassungsorganen, oder einfach nur ein Gericht, das wie die übrigen fünf obersten Bundesgerichte dem Justizministerium unterstellt bleiben sollte – und damit der politischen Steuerungsgewalt der Regierung etwa in Fragen der Organisationsgewalt, Personalhoheit und nicht zuletzt des Haushalts. Letzteres war zunächst der Fall und hatte schon bald zum Konflikt mit Justizminister Dehler geführt. Gerhard Leibholz erkannte zu Recht, dass die Konzeption einer starken Verfassungsgerichtsbarkeit mit einem hierarchischen Verhältnis von Justizministerium und Verfassungsgericht unvereinbar ist[1]. Wer im Rahmen der Normenkontrolle die Kompetenz eines „negativen Gesetzgebers" innehat, kann im Prozess von „checks and balances" sinnvoller Weise nicht gleichzeitig der Aufsicht der Regierung unterstellt sein. Der unter seiner Federführung

---

[1] Vgl. Leibholz, Gerhard: Einleitung zum Status-Bericht des Bundesverfassungsgerichts; in: JöR, 1957, S. 110 ff.; zur Rezeption von Triepel, Smend, Schmitt und Leibholz vgl. insgesamt m. w. N. van Ooyen: Der Begriff des Politischen des Bundesverfassungsgerichts, aaO.

formulierte „Statusbericht" des Bundesverfassungsgerichts[2] suchte daher in verfassungstheoretischer Perspektive die Stellung des Gerichts als gleichberechtigtes
„Verfassungsorgan" zu begründen und damit aus der politischen Abhängigkeit des
Justizministeriums herauszuführen. Doch griff Leibholz – und mit ihm das Gericht – hierbei gerade nicht auf die verfassungs- und demokratietheoretische Konzeption Kelsens zurück. Den Ausgangspunkt der Argumentation im Statusbericht
bildete vielmehr wiederum die von Triepel und Schmitt formulierte Unvereinbarkeit von Recht und „hoher" Politik:

> „... sicher ist, dass in der idealtypischen Struktur zwischen dem Wesen des Politischen
> und dem Wesen des Rechts ein innerer Widerspruch besteht, der sich nicht lösen lässt.
> Dieser lässt sich darauf zurückführen, dass das Politische seinem Wesen immer etwas
> Dynamisch-Irrationales... während umgekehrt das Recht seiner grundsätzlichen We-
> sensstruktur nach immer etwas Statisch-Rationales ist..."[3].

Aus dieser Sicht ergab sich ja schon in Weimar, dass der Begriff „Verfassungsgerichtsbarkeit" gar keinen Sinne mache, weil er Widersprüchliches, nämlich
„Politik" und „Justiz" in sich vereine und so zu einer die Judikative auflösenden
„Politisierung der Justiz" bzw. zu einer den politischen „Souverän" auflösenden
„Judizialisierung der Politik" führe. Leibholz „löste" diese Problematik des im „politischen Recht" der Verfassungsgerichtsbarkeit aufbrechenden Spannungsver-
hältnisses von Recht und Politik nun nicht, indem er sich mit Kelsen von den
tradierten Konzepten der Gewaltentrennung und der Souveränität des Staates
bzw. Volkes pluralismustheoretisch verabschiedete. Er griff vielmehr auf die Integrationslehre von Smend zurück, die er bloß um eine Integrationsfunktion des
Verfassungsgerichts erweiterte[4]. Und so wird die Triepel-Schmittsche Kritik an
der Verfassungsgerichtsbarkeit mit einer alles dominierenden Integrationsfunktion – scheinbar – einfach weggezaubert[5], um in amalgamierter Form dann doch
wieder als „hohe Politik" und souveräne Einheit von „Volk" und „Staat" aufzu-
tauchen: Denn das Verfassungsgericht ist bei Leibholz zwar zu Recht auch ein
politisches Organ und daher den übrigen „politischen" Verfassungsorganen Parlament, Regierung usw. gleichgestellt. Dies aber nur, weil „berufen, über seine

---

2   Vgl. Bundesverfassungsgericht: Bericht des Berichterstatters an das Plenum des Bundesver-
     fassungsgerichts zur „Status"-Frage (1952), mit Nachtrag; in: JöR, 1957, S. 120 ff.
3   Ebd., S. 121 f.
4   Das war die entscheidende Abweichung zu Smend, der „den Integrationsprozeß allein den
     originär dazu berufenen politischen Instanzen überantwortete und die Verfassungsgerichts-
     barkeit als Integrationsfaktor zunächst ausgeschieden hatte"; Korioth, Stefan: Integration
     und Bundesstaat, Berlin 1990, S. 276.
5   Vgl. Bundesverfassungsgericht: Statusbericht, S. 121.

richterlichen Funktionen hinaus zugleich auch politisch integrierende Funktionen auszuüben"[6]. Diese „politische integrierende Funktion" vollzieht sich „innerhalb des Staats- und Volksganzen"[7], also bezogen auf die „Existenz des Ganzen"[8] im Sinne einer ontologisierten politischen Einheit. Das Politische, das dem Verfassungsgericht bei Kelsen als einem Organ der Machtkontrolle einfach selbstverständlich anhaftet, erweist sich so gesehen bei Leibholz nur dann nicht mehr als Makel eines Justizorgans, weil es auf die Funktion der staatlichen Einheit hin ausgerichtet, sozusagen „veredelt" wird. Nur so ist es nicht mehr Teil des „niederen" Politischen im Sinne des „Irrationalen", das im unvereinbaren Gegensatz zum Recht, zum „Rationalen", steht, sondern wird in Folge seiner „Verstaatlichung" sogar noch hierüber erhoben. Es ist, weil ein Stück „Staat", „wahre", in der Diktion Triepels „hohe" bzw. in der Schmitts „souveräne" Politik:

> „Nur jene Organe sind Verfassungsorgane, deren spezifische Funktion und Wesensart einheitsbegründend oder – wie man auch gesagt hat – integrierend auf den Staat wirken… Gemeinsam ist aber allen Verfassungsorganen, dass sie entscheidend an der politischen Gesamtgestaltung des Staates teilhaben. Sie nehmen an dem teil, was eine mehr statische Betrachtungsweise die ‚oberste Gewalt' des Staates genannt hat. Jene Organe, deren Entstehen, Bestehen und verfassungsmäßige Tätigkeit recht eigentlich den Staat konstituieren und seine Einheit sichern, sind Verfassungsorgane"[9].

Umgekehrt folgt hieraus, dass das Gericht in den „niederen" Bereichen von Politik, die sich eben nicht auf die integrierende Funktion des Staates beziehen, „richterliche Selbstbeschränkung" üben soll. Hier muss es „neutral" bleiben und das („niedere") politische Tagesgeschäft den anderen Verfassungsorganen überlassen[10]. Mit dieser „Lehre" ließ sich in der Folgezeit daher jegliches „politisches" Ausgreifen durch verfassungspolitisch ambitionierte Richter beliebig legitimieren und jederzeit „juristisch" camouflieren[11]. Dieses etatistische Selbstverständnis hat das Gericht schon früh geprägt – und ist bis heute in weiteren Amalgamierungen wirksam geblieben[12]. Indem Leibholz im Statusbericht die Integrationslehre Smends auf die Integrationsfunktion des Verfassungsgerichts übertrug, konnte zwar die

---

6   Ebd., S. 134.
7   Ebd., S. 132.
8   Ebd., S. 129.
9   Bundesverfassungsgericht: Bemerkungen des Bundesverfassungsgerichts zu dem Rechtsgutachten von Professor Richard Thoma; in: JöR, 1957, S. 198.
10 Noch im Statusbericht wird auch diese Konsequenz von Leibholz thematisiert; vgl. S. 126 f.
11 Vgl. schon die seinerzeitige Kritik von Thoma: Rechtsgutachten, betreffend die Stellung des Bundesverfassungsgerichts, ebd., S. 171.
12 Vgl. insgesamt van Ooyen, Der Begriff des Politischen des Bundesverfassungsgerichts, aaO.

eigenständige Position des Gerichts mit Hilfe des in der deutschen Staatslehre überhaupt so populären Konzepts des „Staats- und Volksganzes" behauptet und schließlich auch durchgesetzt werden – doch um den hohen Preis eines in der Tradition von Triepel und Schmitt stehenden mythisch verklärten, antipluralistischen und obrigkeitsstaatlichen Verständnisses von Politik: nämlich um den Preis – Hegel lässt grüßen – einer politischen Theologie von „Staat" und „Volk".

2) „Höchster Vertrauensbonus bei unseren Mibürgern": Roman Herzog

Während Leibholz die Integrationslehre von Smend „nur" benutzte, das Verfassungsgericht auf eine Machtstufe mit den anderen Verfassungsorganen zu bringen, dient sie bei Herzog darüber hinaus zur Überhöhung. Letztlich ist das aber schon in der Argumentationslinie der Integrationslehre überhaupt angelegt. Denn alle die Faktoren des politischen Prozesses, die zur politischen Einheit integrieren – nach Smend der Zweck von Verfassung schlechthin – müssen „erhabener" sein, als jene, die für den pluralistischen Willensbildungsprozess und daher genau für das Gegenteil von Integration stehen.

Die Stellung der Verfassungsgerichtsbarkeit ist bei Herzog durch eine gewisse Ambivalenz gekennzeichnet. Zwar sieht er deren politische Funktion ganz deutlich. Als politisch denkender Verfassungsjurist versteckt er sich nicht hinter dem tradierten juristischen Dualismus von Recht und Politik: er bejaht vielmehr die rechtsschöpferische Machtfülle des Gerichts im politischen Prozess gegen die Illusion einer politikfreien, „unpolitischen" Rechtswissenschaft[13] und rückt verzerrte Wahrnehmungen zurecht, die die politische Rolle des Gerichts als Kampfinstrument der Opposition dramatisieren[14]. Die Verfassungsgerichtsbarkeit bedeutet ihm daher gerade nicht eine dem Parlament entgegengesetzte, illegitime Quelle von Legalität; sie erhält ihre Berechtigung vielmehr aus dem Zweck der arbeitsteiligen und wechselseitigen Optimierung gesetzgebender Gewalt.

---

13 Vgl. z. B. Herzog: Gesetzgeber und Richter – Zwei Legalitätsquellen?; in: Ders.: Staat und Recht im Wandel, Goldbach 1993, S. 202.
14 Denn die meisten Klagen beim Verfassungsgericht sind ja nicht die der Normenkontrolle nach Art. 93 I Nr. 2, sondern Verfassungsbeschwerden: „Die jeweilige Opposition hat zwar oft mit dem ,Gang nach Karslruhe' gedroht, aber sie hat ihn selten angetreten, und, wie man zugeben muß, in der Regel nur in Angelegenheiten, die von ihrem Standpunkt wirklich von zentraler Bedeutung waren"; Herzog: Strukturmängel der Verfassung?, München 2002, S. 130.

„Die Arbeitsteilung zwischen Gesetzgeber und Richter, die hier greifbar wird, ist für sich gesehen recht vernünftig. Der Gesetzgeber legt die großen Linien fest, und der Richter feilt sie aus. Ja es findet dabei sogar eine höchst fruchtbare Kombination der Betrachtungsmethoden statt: Der Gesetzgeber geht deduktiv, der Richter induktiv an das Problem heran"[15].

Sozusagen ein nüchternes, modern-technokratisch verstandenes „Trial-and-error-Verfahren": Steigerung der Rationalisierung als Garant des Fortschritts durch Vernunft – oder etwas weniger fortschrittsgläubig formuliert: Rationalisierung der Macht durch „checks and balances". Doch auf der anderen Seite bleibt er an dieser Stelle nicht stehen, sondern schießt über das Ziel der Gewaltenbalancierung hinaus, indem er den Verfassungsrichter dann doch für den besseren Gesetzgeber hält: „rationaler" und „gerechter", ja über den „profanen" Interessen stehend:

„Das Bundesverfassungsgericht ist im politischen System unseres Staates heute einer der entscheidenden Integrationsfaktoren. Man mag mit seinen Entscheidungen im Einzelfall nicht immer zufrieden sein. Aber man ist doch überzeugt davon, daß diese Entscheidungen auf der Grundlage strenger Rationalität und Rechtsbindung, das heißt aber vor allem: auf der Grundlage strenger Unparteilichkeit gefunden werden, und das scheint unseren Mitbürgern mehr wert zu sein als ein halbes Prozent Bruttosozialprodukt mehr oder weniger. Wenn die Tugenden der Bescheidenheit und der Wahrheitsliebe miteinander in Konflikt stehen, kann man sich auch einmal für die Wahrheitsliebe entscheiden..."[16].

Neben dem Bundespräsidenten als dem zentralen Integrationsorgan hält Herzog daher einzig das Bundesverfassungsgericht für fähig, die Funktion der Integration auszufüllen – und zwar mit einer weitgehend analogen Begründung[17]. Denn auch das Gericht zählt er zu den Organen, die „schon nach ihrer Eigenart eher die Gesamtheit des Volkes repräsentieren"[18]; beide Organe vergegenwärtigen „Einheit der Nation und des Staates" besser als Bundesregierung, Bundestag und Bundesrat[19]. Abermals kontrastiert er dies mit den „zentrifugalen" Kräften, die „aus

---

15 Herzog: Gesetzgeber und Richter. Rechtsfortbildung durch Richterrecht in der Bundesrepublik Deutschland; in: Staat und Recht im Wandel, aaO, S. 203 f.
16 Herzog: Das Bundesverfassungsgericht als Hüter der Ordnung, Referat, gehalten am 17. 07. 1987 anl. einer Tagung der Evangelischen Akademie Tutzing, Typoskript Bibliothek des Bundesverfassungsgerichts, S. 15.
17 Vgl. Herzog: Der Integrationsgedanke und die obersten Staatsorgane, Köln 1986, S. 17 ff.
18 Herzog: Das Bundesverfassungsgericht als Hüter der Ordnung, S. 15.
19 Vgl. Herzog: Der Integrationsgedanke und die obersten Staatsorgane, S. 17.

der Pluralisierung… entspringen"[20] – also permanent die politische Einheit durch Auflösung bedrohten. Wiederum betont er, dass die übrigen Verfassungsorgane bei aller politischen Arbeit und sachgerechten Leistung nicht das „ganze Volk" repräsentieren könnten, also zu einer wirklichen Integration der politischen Einheit gar nicht fähig seien:

> „Die politische Leistung wird bei uns im allgemeinen den ‚politischen Führungsorganen' abverlangt, also der Bundesregierung, dem Bundestag und mit gewissen Abstand auch dem Bundesrat. Bei ihnen führt aber andererseits kein Weg an der Tatsache vorbei, daß sie im Normalfall nur die Hälfte der Bevölkerung hinter sich haben und dass auch die beste Politik… umstritten bleiben wird, was zugleich polarisierende, desintegrierende Kräfte freisetzen wird"[21].

Dabei qualifiziere das Verfassungsgericht im besonderen Maße – jedenfalls stärker als die in die „egoistischen" Partikularinteressen eingebundenen Verfassungsorgane Parlament und Regierung – eine Eigenschaft, die für Herzog noch gar nicht begrifflich erfasst wurde. Denn das Verfassungsgericht integriere

> „… durch Vermittlung der Überzeugung, daß es in diesem Staat einigermaßen plausibel und gerecht zugeht… Dafür gibt es noch keinen wissenschaftlichen Begriff. Für den Augenblick möchte ich einfach Ausdrücke wie ‚Redlichkeit' oder auch ‚Rechtlichkeit' dafür einstellen"[22].

In typischer Weise findet sich hier das alte antipluralistische, obrigkeitsstaatliche Klischee von Politik als „schmutziges Geschäft" wieder. Parteipolitisch organisierter Parlamentarismus wird zwar anerkannt, aber von Herzog als irgendwie „irrational" und „unredlich" konnotiert, mit der „Rationalität" und „Redlichkeit" verfassungsgerichtlicher Entscheidungen kontrastiert. Dass die Gerechtigkeit in einer Gesellschaft gerade mit dem Einbringen der „egoistischen" Interessen im pluralistischen Wettbewerb garantiert wird, und dass genau hierin ein Stück demokratisch verfasster „Rationalität" liegt, wird neuerlich ausgeschlossen. Und daher scheint es ihm auch völlig selbstverständlich, ja gar als Bestätigung der höheren „Rationalität" und „Redlichkeit" von Präsident und Verfassungsgericht, dass – „ausgerechnet" – diese Institutionen besonders hohes Vertrauen genießen:

---

20 Herzog: Das Bundesverfassungsgericht als Hüter der Ordnung, S. 13.
21 Ebd., S. 15.
22 Ebd., S. 14.

„... es kommt wohl auch nicht von ungefähr, daß sie (Bundespräsident und Bundesverfassungsgericht, RvO) nach allen demoskopischen Ergebnissen von allen Staatsorganen auch den höchsten Vertrauensbonus bei unseren Mitbürgern genießen"[23].

Es kommt ihm so erst gar nicht die klassische These der politischen Kulturforschung in den Sinn, dass das hohe Institutionenvertrauen gerade gegenüber diesen beiden Verfassungsorganen – nach wie vor – einen typischen „antipolitischen" Reflex obrigkeitsstaatlicher politischer Kultur darstellt. Charakteristisch hierfür ist ja, dass das Vertrauen am geringsten ist zu den politischen Institutionen, die am stärksten in die „Niederungen" demokratischer politischer Prozesse involviert sind, und am höchsten genau gegenüber denen, die der Politik vermeintlich am weitesten „entrückt" sind, also nicht demokratisch-parlamentarisch verhandeln, sondern autoritativ entscheiden. Zu Recht wird in diesem Zusammenhang auch daran erinnert, dass „in der Richterdichte Deutschland in der Welt führend" ist[24]. So haben folglich die Bundesbürger bis heute relativ geringes Vertrauen zu Parteien und Parlamenten – also ausgerechnet auch noch zu den Institutionen, die sie mit der Wahl direkt selbst beeinflussen können – das höchste aber, so bliebe zu ergänzen, neben den schon genannten Institutionen (Verfassungs)Gerichte und Bundespräsident regelmäßig zur: Polizei[25]. Nur selten – und wohl erst in jüngster Zeit – dringt diese Erkenntnis zum Gericht selbst durch, etwa wenn Bryde, kritisch thematisiert:

„Vergleichende politische Kulturforschung kritisiert die deutsche politische Kultur gerade, weil sei legalistisch und unpolitisch ist: Dass die Gerichte, an ihrer Spitze das Bundesverfassungsgericht, bis heute ein so viel höheres Ansehen genießen, als die politischen Akteure, ist für eine Demokratie nicht besonders gesund. Es liegt nämlich auch daran, dass eine autoritätsgläubige Tradition politischen Kampf als schmutzig ansieht, weisen Männern (die weisen Frauen waren ja zunächst nicht sehr zahlreich) in roten Roben aber vertraut"[26].

---

23 Ebd., S. 15.
24 Höffe, Otfried: Wieviel Politik ist dem Verfassungsgericht erlaubt?: in: Der Staat, 1999, S. 175.
25 Vgl. z. B. Rudzio, Wolfgang: Das politische System der Bundesrepublik Deutschland, 5. Aufl., Opladen 2000, S. 551 f.; auch Vorländer, Hans: Der Interpret als Souverän. Die Macht des Bundesverfassungsgerichts beruht auf einem Vertrauensvorschuß, der anderen Institutionen fehlt; in: FAZ vom 17. 04. 2001, S. 14.
26 Bryde, Brun-Otto: Integration durch Verfassungsgerichtsbarkeit und ihre Grenzen; in: Vorländer (Hrsg.), Integration durch Verfassung, Wiesbaden 2002, S. 331; auch kurz Limbach: Das Bundesverfassungsgericht, München 2001, S. 86: „In der Tat müsste es bedenklich stimmen, so treffend Peter Häberle, wenn das große – auch durch jüngste Umfragen bestätigte – Vertrauen in das Bundesverfassungsgericht ein unpolitisches Misstrauen der Bürger gegen die Demokratie indizierte". Zu diesem Zusammenhang vgl. Schaal, Gary S./Friedel, Sabine/

Endler, Andreas: Die Karlsruher Republik. Der Beitrag des Bundesverfassungsgerichts zur Entwicklung der Demokratie und zur Integration der bundesdeutschen Gesellschaft, Bonn 2000; auch Vorländer/Schaal: Integration durch Institutionenvertrauen? Das Bundesverfassungsgericht und die Akzeptanz seiner Rechtsprechung; in: Vorländer (Hrsg.): Integration durch Verfassung, S. 345: „Die Akzeptanz eines autoritativen Deutungsangebots ist in kulturell heterogenen Gesellschaften jedoch nicht mehr per se gegeben, so dass ein Spannungsfeld zwischen der autoritativen Interpretationshoheit des Bundesverfassungsgerichts und der gesellschaftlichen Akzeptanz konkreter Entscheidungen entsteht"; und: „Die vielfach konstatierten neuen gesellschaftlichen und politischen Herausforderungen, die die Integrationsleistung des Bundesverfassungsgerichts in näherer Zukunft schmälern könnten – Prozesse der Differenzierung, Pluralisierung und Denationalisierung der jurisdiktiven Kompetenzen – , scheinen das Gericht noch nicht erreicht zu haben" (ebd., S. 370); vgl. auch z. B. Ebsen, Ingwer: Der Beitrag des Bundesverfassungsgerichts zum politischen Grundkonsens; in: Schuppert, Gunnar F./Bumke, Christian (Hrsg.): Bundesverfassungsgericht und gesellschaftlicher Grundkonsens, Baden-Baden 2000, S. 83 ff.

Zwar richtig, es bleibt an dieser Stelle jedoch kritisch anzumerken, dass der in den politikwissenschaftlichen und juristischen Analysen jüngst vorgenommene neuerliche Rückgriff auf die Integrationslehre Smends selbst problematisch bleibt. Denn sollte Integration eine Funktion von Verfassungsgerichtsbarkeit sein, dann würde – polemisch formuliert – das BVerfG seine Integrationsfunktion wohl überhaupt am besten in einer homogen nationalen „Gemeinschaft" erfüllen. Denn die „Integration" beinhaltet, weil auf politische „Einheit" bezogen, immer zugleich auch Exklusion: „Das gleiche Festhalten an der alten Gemeinschaft der Bundesrepublik Deutschland können wir auch in der Entscheidung zur verfassungsrechtlichen Zulässigkeit des Ausländerwahlrechts feststellen", Blankenagel, Alexander: „Ihr müsst draußen bleiben" – Gesellschaftliche Grenzziehung durch Verfassungsgerichte als Aspekt gesellschaftlicher Integration; in: Schuppert/Bumke, S. 157. Zur Thematik vgl. insb. Haltern, Ulrich: Integration als Mythos. Zur Überforderung des Bundesverfassungsgerichts, www.jeanmonnetprogramm.org/papers/96/9642ind.html (download 14. 07. 2003; van Ooyen: Demokratische Partizipation statt „Integration" (Teil II 4); treffender daher auch die Einschätzung bei Helmuth Schulze-Fielitz, dass die zunehmende Kritik an Verfassungsgerichtsentscheidungen vielmehr nur die „unvermeidliche Normalität" in einer pluralistischen Gesellschaft bedeutet. Daher wird das Gericht „– wie alle anderen staatlichen Institutionen, die in politischen Konflikten… stehen – einen relativen Ansehensverlust erleiden, solange es nur seine Aufgaben wirklich wahrnimmt"; Das Bundesverfassungsgericht in der Krise des Zeitgeistes – Zur Metadogmatik der Verfassungsinterpretation; in: AöR, 1997, S. 25 bzw. S. 25 f.; diese Einschätzung, mit Verweis auf die immer noch sehnsüchtig auf Harmonie zielende politische Kultur in Deutschland, ebenso bei Helms, Ludger: Entwicklungslinien der Verfassungsgerichtsbarkeit in der parlamentarischen Demokratie der Bundesrepublik Deutschland; in: Jesse, Eckhard/Löw, Konrad (Hrsg.): 50 Jahre Bundesrepublik Deutschland, Berlin 1999, S. 160 f.; vgl. auch Bumke: Der gesellschaftliche Grundkonsens im Spiegel der Rechtsprechung des Bundesverfassungsgerichts; in: Schuppert/Bumke, aaO, S. 197 ff. Insoweit wird es dem BVerfG hinsichtlich der Akzeptanz seiner Entscheidungen auf lange Sicht kaum anders ergehen als den übrigen, längst „entzauberten" Verfassungsorganen.

In diesem Zusammenhang ist überdies daran zu erinnern, dass ein großer Teil der „Politikverdrossenheit" mit weit verbreiteten, völlig falschen Vorstellungen über die Funktions- und Arbeitsweise von Parlament und Regierung (und Verfassungsgericht!) einhergeht. Wer in der politischen Bildung einmal tätig war, weiß, wie schwer es z. B. ist, die im Fernsehen gezeigten „leeren Bänke" im Bundestagsplenum dem „Laien" zu erklären. Zu diesem „latenten Verfassungskonflikt", der aus einem antiquierten Politikverständnis des 19. Jahrhunderts her-

3) „Integrationsleistung": Jutta Limbach

Auch „moderne" Verfassungsrichterinnen wie Jutta Limbach[27] halten, in der Tradition der deutschen juristischen Staatslehre stehend, gebetsmühlenhaft mit Blick auf das Gericht an der Integrationslehre Smends und dem zugrunde liegenden Konzept antipluralistischer politischer Einheit fest[28]. Dabei ist Limbachs Verständnis von Verfassungsgerichtsbarkeit eigentlich ganz „profan", zunächst einmal gar nicht von der Verkleisterung der Konflikte durch „integrativen" Konsens der „Gemeinschaft" und der für Roman Herzog charakteristischen Überhöhung als Objekt der Repräsentation des „Volks- und/oder Staatsganzen" gekennzeichnet:

> „So wenig die primäre Aufgabe des Bundesverfassungsgericht ist, Konsens in der Gesellschaft zu stiften, genauso wenig kann es Ziel sein, eine produktive Unruhe in der Gesellschaft zu stiften. Das Gericht hat die Verfassung zu interpretieren und anzuwenden… Wenn seine Entscheidungen zugleich den gesellschaftlichen Frieden wiederherstellen, ist das ein erfreuliches Ergebnis… Geht es um den Schutz einer Minderheit, so kann die Besorgnis eines öffentlichen Protests oder einer öffentlichen Auseinandersetzung das Gericht nicht zur Zurückhaltung verpflichten"[29].

---

rührt, vgl. Patzelt, Werner J.: Ein latenter Verfassungskonflikt? Die Deutschen und ihr parlamentarisches Regierungssystem; in: PVS, 1998, S. 725 ff.; sowie Schuett-Wetschky, Eberhard: Zwischen traditionellem Parlamentsverständnis und moderner Parteiendemokratie: Gründe des latenten Verfassungskonflikts; in: ZParl, 2003, S. 531 ff. Die Akzeptanz von Verfassungsgerichtsentscheidungen in einer pluralistischen Gesellschaft hängt daher ganz maßgeblich von der Transparenz der Entscheidungen und Verfahren ab. So wie seinerzeit beschlossen wurde, die „Dissenting Votes" einzuführen, ist es daher längst überfällig, z. B. die Nominierungsverfahren der Verfassungsrichter öffentlich zu gestalten.

27 So auch in der Selbsteinschätzung; vgl. Roellecke, Gerd: Ein Rückblick auf Jutta Limbachs Tätigkeit als Präsidentin des Bundesverfassungsgerichts; in: JJZG 2002/2003, S. 393.

28 Das gilt analog auch für den gegenüber dem Demokratieverständnis der „Schmitt-Tradition" zu Recht kritischen Bryde, der bemerkt, dass das Gericht sowohl integrierend als auch nichtintegrierend wirkt – eigentlich ein untrügerisches Zeichen, dass dann die viel beschworene Integrationsfunktion vom antipluralistischen Konzept zur bloßen Phrase wird. Und er sieht zwar klar, dass es – etwa im Rahmen des Schutzes von Minderheiten – ja geradezu Aufgabe des Verfassungsgerichts sein muss, nicht zu „integrieren", hält aber trotzdem merkwürdigerweise ohne weiteres Hinterfragen am tradierten Begriff der Integration fest; Integration durch Verfassungsgerichtsbarkeit und ihre Grenzen; in: Vorländer: Integration durch Verfassung, aaO, S. 329 ff.

29 Limbach: Die Integrationskraft des Bundesverfassungsgerichts, in: Vorländer, ebd., S. 320 f.; ähnlich auch Limbach: Das Bundesverfassungsgericht, München 2001, S. 69: „Der Auftrag des Bundesverfassungsgerichts zielt auf den Respekt der Verfassung und nicht auf den gesellschaftlichen Frieden"; vgl. auch mit Kritik an der Demoskopie: Limbach: Die Akzeptanz verfassungsgerichtlicher Entscheidungen; in: Dies., „Im Namen des Volkes": Macht und Verantwortung der Richter, Stuttgart 1999, S. 165 ff.

Im Hinblick auf die Aufgabe des Bundesverfassungsgerichts kann es daher nach Limbach eben nicht darum gehen, es allen recht zu machen, in die Harmonie der politischen Einheit zu integrieren. Denn das Grundgesetz habe „sich für eine pluralistische Gesellschaftsordnung entschieden"[30]. Selbstverständlich sei das Verfassungsgericht wie jedes andere Verfassungsorgan zugleich auf Akzeptanz angewiesen. Gerade deshalb müsse es auch die „Prämissen der eigenen Ansichten offen" legen und „seine Entscheidungen einsehbar" begründen[31]. Obwohl Limbach Streit und Konflikt als die zentralen Größen einer pluralistisch-demokratisch verfassten Gesellschaft also (an)erkennt, die in institutionell abgesicherten Verfahren einer Entscheidung zugeführt werden, bedient sie sich dann doch des für die Integrationslehre typischen Jargons. Im Rückgriff auf Smend und Herzog erliegt auch sie dem antipluralistischen Getöne von der „Gemeinschaft" und der Sorge um die Einheit des Staats – als etwas, das offensichtlich „über" dem Bürger steht:

> „In der Staatsrechtslehre wird der Begriff der Integration zumeist in Anlehnung an Smend als Prozess verstanden und als Hinwirken auf die staatliche Einheit und den politisch-sozialen Zusammenhalt umschrieben... So beschreibt etwa Ernst Benda Integration als das Anstreben und Fördern der Verbindung der Bürger mit ihrem Staat. Roman Herzog hebt hervor, dass die Integration der Individuen – eben jenes Zusammengehörigkeitsgefühl – ‚nicht nur für den Bestand des Staates, sondern auch für den Bestand und das Funktionieren der Gesellschaft von grundlegender Bedeutung' sei"[32].

Auch bei Limbach ist daher die Rede von „Verfassungskonflikten, die die Gesellschaft spalten"[33] – so, als ob die Gesellschaft ganz selbstverständlich eine vorgegebene politische Einheit sei, die erst dann durch Konflikte „gespalten" werden könne. Genauso spricht sie von der „Integrationskraft"[34] und der „Integrationsleistung"[35] des Verfassungsgerichts im Rahmen seiner Rechtsprechung seit der Herstellung der deutschen Einheit, von der „Reverenz", die man Smends Kategorie der „Inte-

---

30 Limbach: Das Bundesverfassungsgericht, S. 56.
31 Ebd., S. 70.
32 Limbach: Die Integrationskraft des Bundesverfassungsgerichts, S. 319; vgl. zuvor schon Limbach: „Im Namen des Volkes", Kap. „Die Integrationskraft des Bundesverfassungsgerichts", S. 148 ff.; aktuell auch Papier, Hans-Jürgen: „Die Integrationsfunktion ist eine ganz wichtige Aufgabe, die das BVerfG zu erfüllen hat"; Das Bundesverfassungsgericht als Mediator? Wann in Karlsruhe „Vergleiche" für die Integrationsfunktion sinnvoll sein können (Interview); in: ZRP, 3/2002, S. 135.
33 Limbach: Die Integrationskraft des Bundesverfassungsgerichts, S. 322.
34 Ebd., S. 317.
35 Ebd., S. 323.

gration" auch über die Rechtswissenschaft hinaus in der Politikwissenschaft zolle[36], von der „integrative(n) Funktion für das Staatsganze"[37] usw. Und auch sie verkürzt den Bereich des Politischen in der für die deutsche Staatslehre typischen Weise, indem sie z. B. schon die Tätigkeit des einen Senats des Verfassungsgerichts als „politische", weil staatsorganisatorische Judikatur qualifiziert und so einfach alles übrige – also vor allem den Bereich der Grundrechtsjudikatur – implizit in einen „unpolitischen" Bereich des Rechts eskamotiert. Denn der

> „Zweite(n) Senat... kommt eher in die Verlegenheit, ‚Politisches' entscheiden zu müssen, weil der Zweite Senat der ‚Staatsgerichtshof' ist, der auch bei Kompetenzstreitigkeiten zwischen Exekutive und Legislative oder zwischen Bund und Ländern zu reagieren hat"[38].

36　Ebd., S. 319; allerdings hätte sie dabei auch auf kritische Analysen der Integrationslehre stoßen müssen.

37　Ebd., S. 325; ebenso spricht sie – ohne dabei stutzig zu werden – vom hohen Vertrauen der Bürger in das Gericht, wie es sonst nur noch der Polizei, nicht aber den Parteien zukommt; vgl. Limbach: „Im Namen des Volkes", aaO, S. 153 f.

38　Limbach: Missbraucht die Politik das Bundesverfassungsgericht?, Köln 1997, S. 7 f.

„Integration" im Föderalismus: von der „Bundestreue" zum „unitarischen Bundesstaat"

3

Smend hatte sein Konzept auch auf die bundesstaatliche Theoriediskussion an-gewendet und aus der Integrationsfunktion die „Bundestreue" als ungeschriebe-nen (!) Verfassungsgrundsatz postuliert[1]. Dabei enthielt dieser Anwendungsfall eine Ambivalenz, die sich das Bundesverfassungsgericht in seiner Rezeption zu-nutze macht. Mit Blick auf die „Integration" zur „Einheit" im Bundesstaat wird der Integrationsbegriff nicht nur in Richtung Zentralstaat gedeutet – dann hätte für Smend am Ende der Einheitsstaat als beste Form die politische Einheit ver-körpern müssen. Als tiefer Bewunderer des Kaiserreichs Bismarckscher Prägung muss er den Integrationsgedanken dagegen auch in umgekehrter Richtung, zu den Ländern hin lesen können. „Integriert" wird bei Smend also in beiden Rich-tungen eines insgesamt lebenden „Staatsganzen". So sind die „Einzelstaaten in ei-nem gesunden Bundesstaat nicht nur Integrationsobjekt, sondern vor allem auch Integrationsmittel"[2]. Bundestreue – schon der Begriff weckt eigentümlich mittel-alterlich-germanische Assoziationen[3] – beinhaltet demnach wie die Treue zwi-schen Lehensherr und Vasall die wechselseitige Pflicht der Länder zu bundes-freundlichem und des Bundes zu länderfreundlichem Verhalten.

Das Bundesverfassungsgericht hat „die Grundsätze der ‚Bundestreue' und des ‚bundesfreundlichen Verhaltens' mal offen, mal verdeckt schon sehr früh von

---

1   Vgl. Smend: Ungeschriebenes Verfassungsrecht im monarchischen Bundesstaat (1916); jetzt in: Staatsrechtliche Abhandlungen, aaO, S. 39 ff.; dann in Verfassung und Verfassungsrecht, ebd., S. 223 ff.; vgl. hierzu Korioth: Integration und Bundesstaat, aaO, S. 152 ff.
2   Smend: Verfassung und Verfassungsrecht, S. 225.
3   „nibelungenhaften deutschen Denkens'", so Peter Lerche, zitiert nach Oeter: Integration und Subsidiarität im deutschen Bundessta, aaO, S. 482; Oeter verweist auch zu Recht auf die Re-zeption der Integrationslehre durch nationalsozialistische Staatsrechtler, etwa zur bundes-staatstheoretischen Begründung eines Einheitsstaats bei Koellreutter, Otto: Integrationslehre und Reichsreform, Tübingen 1929.

Smend übernommen und in ständiger Rechtsprechung fortgeführt"[4]. Dabei ließ die „Verwendung eines bewußt unpräzisen Begriffs wie der Bundestreue" dem Gericht freie Hand über die Entscheidung, ob es „von der Rechtskontrolle in den Bereich politischer Gestaltung ausgreift; denn bei der Entfaltung der Bundestreue greifen die herkömmlichen juristischen Argumentationsregeln nicht, die eine rechtliche Determination vermitteln"[5]. Zurecht urteilt daher Oeter:

> „Seit ihrer rechtsdogmatischen ‚Entdeckung' durch Rudolf Smend hat der Gedanke der Bundestreue sich als ein äußerst schillerndes Konzept erwiesen, das je nach bundesstaatstheoretischer Prämisse zur Begründung völlig entgegengesetzter Ergebnisse verwendet werden kann...
>
> Die Kette der einschlägigen Entscheidungen belegte allzu deutlich, daß Begriffe wie ‚Bundestreue' im Grunde Blankettbegriffe sind, über die verfassungspolitische... Vorstellungen der entscheidenden Gremien bzw. Personen Eingang in das Recht finden[6]".

Die Rezeption der Integrationslehre enthält also eine doppelte Ambivalenz, nämlich

1) eine antipluralistische, die die bestehende politische Interessensvielfalt hinter der „Integration" der „Gemeinschaft" zur politischen Einheit des „Staats- und Volksganzen" permanent zu verkleistern droht"[7] und

2) eine machtpolitische: Maskiert hinter nichtssagenden, inhaltsleeren und pseudo-verfassungsrechtlichen Floskeln wie „Integration" und „Bundestreue" lässt sich in beliebiger Weise Politik treiben[8]; dabei können mit Hilfe „juristischer" Deduktionen aus diesen Begriffen dem Gesetzgeber sogar so detaillierte Vor-

---

4   Blankenagel, Alexander: Tradition und Verfassung. Neue Verfassung und alte Geschichte in der Rechtsprechung des Bundesverfassungsgerichts, Baden-Baden 1987, S. 58; explizit Bezug z. B. im Urteil „Deutschland-Fernsehen" von 1961; vgl. BVerfGE 12, 205 (254); ausführlich Korioth: Integration und Bundesstaat, aaO, S. 245 ff.

5   Korioth, ebd., S. 279.

6   Oeter, aaO, S. 481 und S. 482.

7   Richtig bewertet, wenn auch zu milde, bei Korioth: Integration und Bundesstaat, S. 175: „Damit aber ist die integrationstheoretische Betrachtung des Staates in der ihr von Smend gegebenen Ausformung keine moderne Staatslehre. Es fehlen ihr originäre Ansätze für eine Theorie des pluralistischen Staates... Mit dieser Wirklichkeitsverkürzung ist die Theorie Smends in letzter Konsequenz eine wenig konstruktive Negierung der konfliktgeladenen und interessenpluralen politischen Gegenwart des Weimarer Staates".

8   Das hatte Smend ja selbst theoretisch vorweggenommen, indem er die Begriffe Integration und Bundestreue mit Blick auf die Bismarcksche und die Weimarer Verfassung unterschiedlich politisch instrumentalisierte: einmal mit „unitarischer" Richtung als Mittel zur Stärkung der kaiserlichen Reichsgewalt, dann umgekehrt in „föderaler" Richtung als Mit-

gaben gemacht werden, die bis zur „Vernichtung jeglichen Regelungsspiel-raums" führen[9].

Zwar ist das Gericht mit expliziten Bezügen zur „Bundestreue" der Smendschen Integrationslehre im Laufe der Zeit zurückhaltender geworden. Dies nicht zuletzt durch die radikale Kritik, die vor allem ab den 6oer Jahren der „Smend-Schüler" und spätere Verfassungsrichter Konrad Hesse formulierte[10]. Hesse konnte mit sei-ner Bundesstaatstheorie stärker an den Wortlaut der Verfassung anknüpfen: For-mulierungen wie „sozialer Bundesstaat" (Art. 20 I GG) und „Einheitlichkeit der Lebensverhältnisse" (Art. 72 II Nr. 3 a. F.) scheinen seine zum normativen Postulat erhobene Beschreibung der „Verfassungswirklichkeit" des „unitarischen Bundes-staats" auch verfassungsrechtlich zu stützen – zumindest eher als die überhaupt nicht im Grundgesetz zu findenden Begriffe wie „Integration" und „Bundestreue". Seine angesichts sozialstaatlicher „Unitarisierung" formulierte Lehre mag auch in mancher Hinsicht einen „Paradigmenwechsel in der Bundesstaatstheorie"[11] einge-leitet haben. Sie blieb aber hinsichtlich der Problematik der politischen Einheit in der Spur der Integrationslehre[12] und hat die antipluralistischen Tendenzen durch Festlegung in Richtung „Unitarisierung" wohl eher noch verschärft. Insoweit ist noch einmal der Beurteilung von Oeter zuzustimmen:

> „Mit dem Siegeszug der Integrationslehre im Konzept des ‚unitarischen Bundesstaates'
> gewann der Gedanke einer unvermeidlichen Unitarisierung… weiter an Plausibilität
> für die Interpretation der Verfassung".

Und: „Es ist im Kern, ähnlich wie bei den analogen (und weitgehend erfolgreichen) Versuchen der dogmatischen Verselbständigung der Bundestreue als eigenständiges Rechtsinstitut, ein Versuch von durchgehend in den unitarischen Denktraditionen des ‚dezentralisierten Einheitsstaates' geprägten Vertretern des ‚Einheitsgedankens', die als

---

tel zur Schwächung der republikanischen Reichsgewalt; vgl. auch Oeter, m. w. N. zur frühen Kritik an Smend, S. 83 ff.

9   Oeter, S. 484.

10   Vgl. Hesse, Konrad: Der unitarische Bundesstaat, Karlsruhe 1962; auch ders., Grundzüge des Verfassungsrechts der Bundesrepublik Deutschland, 20. Aufl., aaO, S. 96 ff.; Hesse war Ver-fassungsrichter von 1975–1987.

11   So Oeter, S. 252.

12   So Oeter stellenweise selbst: „Dies bestätigt eine schon für die Weimarer Republik von Rudolf Smend getroffene Feststellung, nach der angesichts der starken sachlichen Unitarisierung im modernen Bundesstaat an die Stelle der den Ländern verlorengegangenen Landesgewalt das Moment ihrer Beteiligung an der Reichsgewalt getreten sei"; Grundzüge des Verfassungs-rechts der Bundesrepublik Deutschland, S. 99.

‚negativ' beurteilten Erscheinungen föderaler Vielfalt – und damit Unterschiedlichkeit –
zurückzudrängen zugunsten des Konzeptes umfassender Rechtseinheit"[13].

Die antipluralistische Tendenz und die machtpolitische Instrumentalisierung der
wirkmächtigen Integrationslehre – ob nun in der Smendschen Originalform oder
in der des Derivats des „unitarischen Bundesstaats" von Hesse – lassen sich daher bis heute nachweisen. Dies gilt vor allem für die bundesstaatlichen Entscheidungen zum Finanzausgleich, zuletzt in der Entscheidung des Zweiten Senats von
1999. Hier wird ganz selbstverständlich auf Begriffe wie „Solidargemeinschaft"[14]
und „Einheitlichkeit der Lebensverhältnisse"[15] rekurriert, die für das auf „Einheit"
und nicht auf „Vielheit" zielende Konzept der „Integration" typisch sind. Dabei
war inzwischen im Rahmen einer zaghaften „Reföderalisierung"[16] das Grundgesetz gerade hinsichtlich des Wortlauts der „Einheitlichkeit der Lebensverhältnisse",
an den die Lehre vom „unitarischen Bundesstaat" (wenn überhaupt) normativ
anknüpfen konnte[17], sogar geändert worden. Der Zweite Senat nahm aber vom
Wortlaut der neuen Formulierung der nunmehr bloß noch „gleichwertigen Lebensverhältnisse" in Art. 72 II GG erst gar keine Notiz. Und das Gericht scheute
sich auch nicht, dies mit Hilfe der von ihm verwendeten vagen bundesstaatlichen
Begrifflichkeit von „Solidargemeinschaft" und „Einheitlichkeit" machtpolitisch
zu instrumentalisieren. Er hat dem Gesetzgeber „minutiöse Verhaltensanweisun-
gen" auferlegt, die die „Termine, Regelungsinhalte und – das ist ein Novum – auch
die Aufteilung des Finanzausgleichs in zwei nach ihrer Regelungsdichte unter-
schiedene Gesetze betreffen"[18].

---

13 Oeter, S. 536 bzw. S. 542.
14 BVerfGE 101, 158 – Finanzausgleich III, z. B. Rnr. 292, auch 291; zitiert nach http://www.oef-
    re.unibe.ch/law/dfr/bv101158.html; download vom 10. 04. 03; zum Finanzausgleich vgl. auch
    BVerfGE 72, 330 (Finanzausgleich); E 86, 146 (Finanzausgleich II).
15 BVerfGE 101, 158 Rnr. 287, 309.
16 Vgl. hierzu: Abromeit, Heidrun: Der verkappte Einheitsstaat, Opladen 1992; Schatz, Heri-
    bert/van Ooyen/Werthes, Sascha: Wettbewerbsföderalismus, Baden-Baden 2000.
17 Denn es konnte schon seinerzeit bestritten werden, ob mit der alten Formulierung der „Ein-
    heitlichkeit" i. V. m. der Sozialstaatlichkeit des GG überhaupt gemeint war und nicht viel-
    mehr die Sicherstellung eines bloßen „Mindeststandards".
18 Thierse, Wolfgang: Der Deutsche Bundestag und das Bundesverfassungsgericht. Ein 50jäh-
    riges Verhältnis – Rivalität zwischen zwei Verfassungsorganen; in: Fölster, Uta/Stresemann,
    Christina (Hrsg.): Recht so, Jutta Limbach. Zum Abschied verfasst für die Präsidentin des
    Bundesverfassungsgerichts, Baden-Baden 2002, S. 159 f.

Demokratische Partizipation statt „Integration": normativ-staatstheoretische Begründung eines generellen Ausländerwahlrechts. Zugleich eine Kritik an der Integrationslehre von Smend

1) „Staatsvolk"?

Gegner einer Neuregelung des Staatsangehörigkeitsrechts[1] kritisieren die Aufweichung des grundsätzlich geltenden „Abstammungsprinzips" und die weitere Öffnung der bisher im Staatsangehörigkeitsrecht nur als „Ausnahmefall vorgesehenen doppelten Staatsangehörigkeit"[2]. Da man nicht „Diener zweier Herren" sein könne, seien „Loyalitäts- und Identitätskonflikte" vorprogrammiert – so die Kritiker – und die deutsche Staatsangehörigkeit würde ohne eine „Gegenleistung zur Integration verschenkt", ohne die „Garantie dauerhafter Zuwendung" gewährt. Obwohl dieser „oft zitierte Satz, daß ‚man nicht zwei Herren gleichzeitig dienen könne',... in einem Untertanenverhältnis Berechtigung haben (mag) – „die Stellung eines vollberechtigten Bürgers trifft er nicht"[3] – trägt aber selbst das neue Recht ihm Rechnung. Denn auch die künftig in Deutschland geborenen Kinder ausländischer Eltern haben sich im Falle des Erwerbs einer weiteren Staatsangehörigkeit mit Volljährigkeit für ein „Staatsvolk" zu entscheiden. Abgesehen davon, dass dies angesichts der europäischen Integration – schon heute steht auf dem Reisepass zuerst „Europäische Gemeinschaft" – ein wenig anachronistisch wirkt, offenbart sich hier ein fragwürdiges Verständnis des Begriffs „Staatsvolk". Nicht nur, dass der Begriff des Staates ohnehin mythologisch, wenn nicht gar religiös aufgeladen ist, soweit er als eine von den Menschen losgelöste, „ursprüngliche Herrschermacht" in der Tradition des Souveränitätsbegriffs der deutschen

---

1   Seit dem 1. Januar 2000 ist das neue Staatsangehörigkeitsrecht in Kraft.
2   Vgl. hierzu auch: Kastoryano, Riva: Ein starker Staat fürchtet sich nicht vor zwei Pässen; in: FR vom 18.02.1999; van Ooyen: Zum neuen Staatsangehörigkeitsrecht. Ein Rekurs auf Hans Kelsen; in: RuP, 2000, S. 125 ff.
3   Wallrabenstein, Astrid: Untertan, Bürger oder Volkszugehöriger? Zum Verhältnis des deutschen Einbürgerungsrechts; in: Der Staat, 1999, S. 277.

Staatslehre verstanden wird[4]. Denn „ursprüngliche", d. h. nicht abgeleitete Macht
gibt es in der Theologie als eine Eigenschaft Gottes – schöpferisch und sich selbst
erschaffend – nicht jedoch im Bereich der von Menschen eingesetzten Institutionen zur Regelung des politischen Lebens, d. h. zur Schaffung einer „guten und
gerechten Ordnung" zwischen Menschen[5]. Das von den Kritikern ins Feld geführte Verständnis von „Staatsvolk" postuliert darüber hinaus im Akzent der Silbe
„Volk"[6] die Existenz einer vorgegebenen politischen Einheit. So definierte schon
Carl Schmitt den Staat als politische Einheit eines Volkes und den Pluralismus als
eine „Theorie der Auflösung des Staates" bzw. der „politischen Einheit"[7]. Konsti-
tuierendes Element der politischen Einheit war für Schmitt dabei das „Freund-
Feind-Verhältnis"[8].

Selbst wenn man den Kritikern der Änderung des Staatsangehörigkeitsrechts
diese besondere Form der Konstituierung von politischer Einheit im Schmittschen Sinne nicht unterstellt, obgleich bisweilen – nicht nur latent – durchaus so
argumentiert wird, bleiben sie eine Antwort schuldig, warum denn gerade durch
das „Abstammungsprinzip" das „deutsche Volk" im Sinne einer „politischen Einheit" konstituiert wird. Warum entsteht hierdurch substantielle „Gleichheit", die
die einen „gleich" im Sinne von zum „Volk" zugehörig, die anderen jedoch „un-
gleich" macht und von den Rechten politischer Mitbestimmung ausschließt?

Nun, diese Bringschuld lässt sich gar nicht erfüllen, da es eine solche Gleichheit von Individuen und damit auch eine politische Einheit als „Volk" gar nicht
geben kann. Daher ist auch der Begriff der „Volkssouveränität" im Sinne einer
souveränen und homogenen Einheit des Volkes ein Mythos ontischen Identitäts-

---

4   Jellinek, Georg: Allgemeine Staatslehre, 3. Aufl., Berlin 1914; Jellineks „sozialer" und „juristi-
    scher" Staatsbegriff ist in beiden Fällen definiert als „die mit ursprünglicher Herrschermacht
    ausgerüstete Verbandseinheit…" bzw. „die mit ursprünglicher Herrschermacht ausgerüstete
    Körperschaft seßhafter Menschen"; ebd. S. 180 f. bzw. 183. Zu den Leistungen Jellineks aus so-
    zialwissenschaftlicher Sicht vgl. Anter, Andreas: Georg Jellineks wissenschaftliche Politik; in:
    PVS, 1998, S. 503 ff. Allgemein zu den Traditionslinien mit vielfältigen Nachweisen vgl. Stoll-
    eis, Michael: Geschichte des öffentlichen Rechts in Deutschland, Bd. 2 und Bd. 3, München
    1992 bzw. 1999; mit aktuellen Bezügen bis in die jüngste höchstrichterliche Spruchpraxis vgl.
    van Ooyen: Der Begriff des Politischen des Bundesverfassungsgerichts, Berlin 2005.
5   Vgl. hierzu die klassische Definition des Gemeinwesens als gemeinsame Beteiligung der
    Bürger an der Verfassung schon bei Aristoteles.
6   Zu den verschiedenen Bedeutungsgehalten vgl. auch Müller, Friedrich: Wer ist das Volk? Die
    Grundfrage der Demokratie. Elemente einer Verfassungstheorie VI, Berlin 1997.
7   Schmitt, Carl: Der Begriff des Politischen, 6. Aufl., Berlin 1996, S. 41 und S. 44, in der Aus-
    einandersetzung mit der Pluralismustheorie von Cole und Laski. Als Einführung in die Plu-
    ralismustheorie anhand von „klassischen" Texten immer noch lesenswert der Reader von
    Nuscheler, Franz/Steffani, Winfried (Hrsg.): Pluralismus. Konzeptionen und Kontroversen,
    3. Aufl., München 1976.
8   Vgl. Schmitt, ebd., S. 27.

denkens, dem schon Rousseau erlag[9]. Und mit ihm ist die von Gegnern wie Befürwortern (!) in der Diskussion immer wieder bemühte Argumentation einer „Integration" von „Ausländern" – Änderung des Staatsangehörigkeitsrechts „verhindert" bzw. „erleichtert" die „Integration" – verfassungs- und demokratietheoretisch unsinnig. Denn der Begriff der Integration setzt wie zu zeigen sein wird in diesem Verständnis schon den der politischen Einheit als gegeben voraus.

Nicht nur bei der jüngst geführten heftigen Diskussion um die Änderung des Staatsangehörigkeitsrechts wird der „Ausländer" in die vermeintliche „politische Einheit" des „deutschen Volkes" integriert. Auf den Begriff der „Integration" stößt man im öffentlichen Diskurs allenthalben. So wird auf die Integration zurückgegriffen, wenn es um die Bestimmung von Stellung und Funktion des Bundespräsidenten geht. Auch hier ist die Sehnsucht nach kollektiver Stiftung von „politischer Einheit" kein Phänomen, das sich lediglich in der Presse – und in der Eigendarstellung des Präsidialamtes[10] – beobachten lässt. Die juristische Standardliteratur zum Grundgesetz ist voll davon und beschreibt die Funktion des Präsidenten als „neutral-integrierend"[11], als Element der „Erhaltung staatlicher Einheit"[12], als „integrierend wirken" usw.[13]. Dabei ist ein so verstandenes Präsidialamt mit dem Konzept der pluralistischen und parlamentarischen Demokratie gar nicht

9   Vgl. z. B. Sternberger, Dolf: Nicht alle Staatsgewalt geht vom Volke aus. Studien über Repräsentation, Vorschlag und Wahl, Stuttgart u. a. 1971; Sternberger: Die neue Politie. Vorschläge zur Revision der Lehre vom Verfassungsstaat; in: JöR 1984, S. 1 ff.

10 „,Erster Repräsentant des Staates', ,Integrationsfigur'... – diese Attribute beschreiben Aspekte des Bundespräsidenten...". „Er tut das, indem er durch sein Handeln und öffentliches Auftreten den Staat selbst – seine Existenz, Legitimität und Einheit – sichtbar macht". „Der Bundespräsident... ist in besonderer Weise geeignet, den Staat zu verkörpern... und die unterschiedlichen Gruppen zu integrieren", usw.; in: http://www.bundespräsident.de/frameset/index.jsp (Download vom 20. 03. 03)

11 Hemmrich, Ulfried: Art. 54; in: von Münch, Ingo/Kunig, Philip (Hrsg.): GGK, Bd. 3. 3. Aufl., München 1996, Rdnr. 1.

12 Hesse, Konrad: Grundzüge des Verfassungsrechts der Bundesrepublik Deutschland, 20. Aufl., Heidelberg 1995, S. 229; vgl. auch Ipsen, Jörn: Staatsrecht I, Staatsorganisationsrecht, 12. Aufl., Neuwied 2000, S. 111 f. und S. 122.

13 Maunz, Theodor/Zippelius, Reinhold: Deutsches Staatsrecht, 30. Aufl., München 1998, S. 291. Dies mag angesichts der Traditionsstränge und „Schulenbildung" in der Rechtswissenschaft nicht überraschen; vgl. hierzu z. B. Hammans, Peter: Das politische Denken der neueren Staatslehre in der Bundesrepublik. Eine Studie zum politischen Konservatismus juristischer Gesellschaftstheorie, Opladen 1987; Köppe, Olaf: Politische Einheit und pluralistische Gesellschaft. Ambivalenzen der Verfassungstheorie Ernst-Wolfgang Böckenfördes; in: KJ, 1997, S. 45 ff. Erstaunlich ist jedoch, dass diese Lehre von der Politikwissenschaft zwar nicht kritiklos aber dennoch übernommen wird. Auch hier ist von der „Integrationsfigur", dem „Integrationssymbol", dem Repräsentanten der „Einheit des Staates" usw. in verbreiteten Einführungswerken zum politischen System der Bundesrepublik die Rede; vgl. hierzu van Ooyen: Der Staat der Moderne, aaO, S. 211 ff.

kompatibel. Es stammt vielmehr aus der Zeit monarchistischer Legitimitätskon-
zepte, in der dem König nicht nur profane, sondern auch sakrale Funktionen zu-
fielen („Gottesgnadentum"). Der Präsident als „eine Art weltlicher Oberpries-
ter" – so gesehen erweist sich die Integrationsfunktion des Bundespräsidenten,
die „Befrachtung dieses Staatsamtes mit Sinndeutung, Sinnstiftung und umsichti-
ger Seelenführung" nur als ein säkulares Derivat – hierauf hat jüngst Hans-Peter
Schwarz (wieder[14]) aufmerksam gemacht[15]. Das für die Bundesrepublik typische
Spannungsverhältnis „zwischen dem Geist pluralistischer, parlamentarischer Demokratie" einerseits und der „kryptomonarchische(n) Natur des Amtes" andererseits[16] ist schließlich auch für Schwarz auf die „so einflussreich gewordene(n) Integrationstheorie Rudolf Smends" zurückzuführen[17]. Und zu Recht hebt Hebeisen
hervor, dass „die Integrationslehre nach dem Zweiten Weltkrieg so stark Eingang
gefunden (hat) in die Rechtsprechung des Bundesverfassungsgerichts und in die
Praxis überhaupt, wie vielleicht nur noch die Positionen von Gerhard Leibholz"[18] –
und, so bliebe zu ergänzen, von Carl Schmitt[19].

Smends Lehre von der Integration ist aber Ausdruck einer antipluralistischen
und antiparlamentarischen Tradition, die sich in Weimar gegen die demokratische Republik positionierte. Sie ist „politische Theologie" in der Form der „Staatstheologie". Werfen wir daher zunächst einen ideengeschichtlichen Blick zurück,
um dann in einem nächsten Schritt die politisch-theoretischen Implikationen der
Integrationslehre im Hinblick auf die aktuelle Problematik von Ausländerfeindlichkeit aufzuzeigen. Von hier aus wird dann im letzten Abschnitt der Begriff des

---

14 Vgl. schon früh auf das Phänomen der „Staatstheologie" hinweisend die Arbeiten von Kel-
    sen; hierzu m. w. N.: van Ooyen, ebd.
15 Vgl. Schwarz, Hans-Peter: Von Heuss bis Herzog. Die Entwicklung des Amtes im Vergleich
    der Amtsinhaber; in: ApuZ, 20/1999, S. 13; an Schwarz sich orientierend und aus empiri-
    scher Sicht kritisch die „Neutralität" dekonstruierend Oppelland, Thorsten: (Über-)partei-
    lich? Parteipolitische Konstellationen bei der Wahl des Bundespräsidenten und ihr Einfluss
    auf die Amtsfürung; in: ZPol, 2001, S. 551 ff.
16 Schwarz, ebd.
17 Ebd.
18 Hebeisen, Michael W.: Souveränität in Frage gestellt. Die Souveränitätslehren von Hans Kel-
    sen, Carl Schmitt und Hermann Heller im Vergleich, Baden-Baden 1995, S. 395; ausführlicher
    vgl. Korioth, Stefan: Integration und Bundesstaat. Ein Beitrag zur Staats- und Verfassungs-
    lehre Rudolf Smends, Berlin 1990, insb. Teil 3 „Grundlinien der Smend-Rezeption nach 1945",
    S. 228 ff.; zu den Rezeptionslinien allgemein vgl. aktuell Oppermann, Thomas: Das Bundes-
    verfassungsgericht und die Staatslehre; in: Badura, Peter/Dreier, Horst (Hrsg.): FS 50 Jahre
    Bundesverfassungsgericht, Bd. 1, Tübingen 2001, S. 421 ff.
19 Häufig vollzog sich die Rezeption der Lehren der „Unperson" Schmitt nach 1945 mittelbar
    über die Lehren von Staatsrechtlern, die durch sein Denken geprägt worden waren. Das gilt
    z. B. für Leibholz selbst und seiner am Konzept politischer Einheit und identitärer Demokra-
    tie festhaltenden Parteienstaatslehre; vgl. van Ooyen: Politik und Verfassung. Beiträge zu ei-
    ner politikwissenschaftlichen Verfassungslehre, Wiesbaden 2006, hier Kap. I E.

Staatsvolks unter Kritik der Rechtsprechung des Bundesverfassungsgerichts erneut diskutiert und als Konsequenz normativ für ein generelles Ausländerwahlrecht plädiert.

2) Antipluralismus und Antiparlamentarismus in der Integrationslehre von Smend

1928 veröffentlichte Rudolf Smend seine Schrift „Verfassung und Verfassungsrecht"[20]. Die Arbeit zielte angesichts der „Krisis der Staatslehre"[21] auf die Überwindung der „fortschreitenden Entleerung", die aus Sicht Smends mit Kelsens rechtspositivistischer Staatslehre[22] den „Nullpunkt" erreicht hatte[23]. Smend thematisiert als Hauptfrage seiner staatstheoretischen Überlegungen:

> „Das Versagen der bisherigen Staatstheorie wird am deutlichsten an bestimmten Antinomien, in die sie sich unentrinnbar verstrickt. Das Problem Individuum und Gemeinschaft, Individuum und Staat, Individuum und Kollektivismus... steht überall als unlösbare Schwierigkeit im Wege"[24].

Hierin mit Hermann Heller sich einig will Smend das Problem der „„Vergemeinschaftung der individuellen Willen zur Wirkungseinheit eines Gesamtwillens' in Angriff nehmen"[25]. Im Unterschied zu Carl Schmitt löst er das Spannungsverhältnis zwischen „Individuum und Gemeinschaft" jedoch nicht durch eine – wie auch immer zu begründende – vorgegebene politische Einheit auf[26]. Denn der Staat als politische Einheit ist für Smend nicht statischen Charakters sondern als „Integration"[27] ein dauernder, dynamischer Prozess:

---

20 Smend, Rudolf: Verfassung und Verfassungsrecht; jetzt in: Smend: Staatsrechtliche Abhandlungen und andere Aufsätze, Berlin 1955, S. 127.

21 Ebd., S. 121.

22 Vgl. Kelsen, Hans: Allgemeine Staatslehre, 2. Neudruck, Wien 1993.

23 Smend: Verfassung und Verfassungsrecht, S. 124. So auch Manfred Friedrich: wonach die Integrationslehre „wohl ohne die Herausforderung durch Kelsens Normativismus... nicht ausgearbeitet worden wäre"; Rudolf Smend 1882–1975; in: AöR, 1987, S. 11.

24 Smend, ebd., S. 125.

25 Ebd, S. 186. Hier der Verweis von Smend auf: Heller, Hermann: Die Souveränität. Ein Beitrag zur Theorie des Staats- und Völkerrechts, Berlin – Leipzig 1927.

26 Vgl. Schmitt: Der Begriff des Politischen, 6. Aufl., Berlin 1996, aber auch Schmitt: Verfassungslehre, 8. Aufl., Berlin 1993.

27 Smend prägte den Begriff der Integration schon 1923 in seinem Aufsatz: Die politische Gewalt im Verfassungsstaat und das Problem der Staatsform; in: Staatsrechtliche Abhandlungen, S. 68 f.

„Der Staat ist nur, weil und sofern er sich dauernd integriert, in und aus den Einzelnen aufbaut – dieser dauernde Vorgang ist sein Wesen als geistig-soziale Wirklichkeit"[28].

Trotz der dynamischen Betrachtungsweise hält Smend am antipluralistischen Verständnis des Staates als politischer Einheit fest. Auch bei ihm ist der „Staat" im Unterschied zu allen sonstigen Verbänden nicht ein aus der Vielheit der Menschen „Zusammengesetztes" und damit abgeleitet, sondern als eine nicht weiter hinterfragte Einheit in der Qualität seiner Herrschaftsgewalt ursprünglich[29]. Es wird daher zu Recht geurteilt, dass Smend die bisherigen Vorstellungen von politischer Einheit und Souveränität nur um den Begriff der Integration" erweitert hat[30]. Auch hier geht daher der Einzelne – jetzt eben via permanenter Integration – in einer die Summe der Bürger übersteigenden „Totalität" des Staates[31], im Kollektivum auf[32] – und zwar realiter, da nach Smend an der „Tatsächlichkeit des Staates als des Verbandes der ihm rechtlich Angehörenden... nicht zu zweifeln" sei[33]. Auch der die Smendsche Lehre wohlwollend interpretierende Badura räumt ein:

„Die Integrationslehre verwirft den Individualismus und Rationalismus des politischen Liberalismus... und fordert die Staatstheorie auf, die verobjektivierende Entzweiung von Mensch und Gemeinschaft zu überwinden"[34].

---

28 Ebd., S. 138.
29 Vgl. ebd., S. 195 f.
30 Vgl. Bärsch, Claus E.: Der Staatsbegriff in der neueren deutschen Staatslehre und seine theoretischen Implikationen, Berlin 1974, S. 93.
31 „... weil das Staatsleben als Ganzes nicht eine Summe, sondern eine individuelle Einheit, eine Totalität ist"; Smend: Verfassung und Verfassungsrecht, S. 162.
32 Vgl. auch Schluchter, Wolfgang: Entscheidung für den sozialen Rechtsstaat. Hermann Heller und die staatstheoretische Diskussion in der Weimarer Republik, 2. Aufl., Baden-Baden 1983, S. 80 f.; a. A. Badura, Peter: Staat, Recht und Verfassung in der Integrationslehre; in: Der Staat, 1977, S. 321. Grundsätzlich Smend positiv bewertend vgl. Mols, Manfred H.: Allgemeine Statslehre oder politische Theorie? Interpretationen zu ihrem Verhältnis am Beispiel der Integrationslehre Rudolf Smends, Berlin 1969; ebenso Poeschel, Jürgen: Anthropologische Voraussetzungen der Staatstheorie Rudolf Smends. Die elementaren Kategoerien Leben und Leistung, Berlin 1978. Poeschel erkennt jedoch, dass bei Smend bzgl. des Verhältnisses von Individuum und Gemeinschaft anthropologisch das Problem der „Entfremdung" zugrundeliegt; vgl. ebd., S. 76 ff. Problematisch ist dies, da der „entfremdete" Mensch immer zu seiner „wahren" Natur geführt werden muss.
33 Smend: Verfassung und Verfassungsrecht, S. 134.
34 Badura: Staat, Recht und Verfassung in der Integrationslehre, aaO, S. 309.

In seiner kritischen Entgegnung kam daher schon Kelsen zum Schluss[35], dass Smend die kollektive Einheit – in der Folge Hegels – im Sinne eines „übermenschlichen Wesens", eines „Makroanthropos" substanzialisiert[36]. Wie im Falle seiner Auseinandersetzung mit Schmitt erkennt Kelsen in der Integrationslehre zu Recht einen „Schulfall politischer Theologie"[37]. Denn die Konzeption einer „überindividuellen Staatssubstanz"[38] erweist sich als Ausdruck autoritär fixierten, obrigkeitsstaatlichen Denkens, das mittels der Vorstellung eines von den Menschen losgelösten Kollektivums den „Staat" als „Souverän" der demokratischen Partizipation entzieht. Selbst bis heute spricht man von „Staatswillen" und „Staatsräson", obwohl doch „Willen" und „Räson" nur eine Eigenschaft des Menschen ist, allenfalls, soweit man die Dinge religiös begreift, Gottes. Smend ist also „seiner innersten Natur nach ein Staatstheologe"[39].

Diese These erhärtet sich, wenn man betrachtet, wie Smend seine Integrationslehre nun auf Fragen der Staatsorganisation und des Regierungssystems anwendet:

Als Formen unterscheidet er[40]: 1. persönliche[41], 2. funktionelle[42] und 3. sachliche Integration[43].

Zwar sind diese Idealtypen in der politischen Wirklichkeit immer nur in Mischformen anzutreffen. Gleichwohl lassen sich je nach vorherrschender Integrationsweise verschiedene Typen des politischen Systems klassifizieren. Staatsformenlehre ist für Smend die Lehre von den Typen der Integrationssysteme. Dabei ist der liberale Parlamentarismus eher der funktionellen Integration, Demokratie und Monarchie sind dagegen der sachlichen Integration zuzuordnen[44]. Der Begriff der Integration wird bei Smend dann im deutlichen Gegensatz zur parlamentarischen Demokratie konturiert. Schon früh beklagt er die mit der Weimarer Verfassung verankerte Verhältniswahl, die durch „Proportionalisierung" der

---

35 Da die Schrift von Smend vor allem gegen die Kelsensche Lehre gerichtet war, sah sich dieser bald zu einer ausführlichen Entgegnung herausgefordert; vgl. Kelsen: Der Staat als Integration. Eine prinzipielle Auseinandersetzung, Wien 1930.
36 Kelsen, ebd., S. 28.
37 Ebd., S. 33.
38 Ebd., S. 27.
39 Ebd., S. 33; zu diesen Begriffsverständnissen gerade auch in der Auseinandersetzung von Kelsen und Schmitt vgl. ausführlich van Ooyen: Der Staat der Moderne, aaO.
40 Vgl. Smend: Verfassung und Verfassungsrecht, S. 142–180.
41 D. h. durch „Führung"; Smend führt hierzu u. a. aus: „Es gibt Personen, die ihrem Wesen nach zu integrierender Funktion ungeeignet sind" und nennt als Bsp., sich auf Max Weber berufend, die „Ostjuden als unmögliche Führer deutschen Staatslebens"; ebd., S. 145.
42 D. h. Gemeinschaftsbildung durch technische Verfahren wie z. B. Wahlen, parlamentarischer Entscheidungsprozess usw.
43 D. h. der in politischen Symbolen vermittelte und erlebte Sinngehalt der Gemeinschaft.
44 Vgl. Smend: Verfassung und Verfassungsrecht, S. 218 ff.

„Herrschaft der Fraktionen" Vorschub geleistet habe und zuwenig „integriere"[45].
Nicht nur, dass er in historisch unhaltbarer Weise die Bismarcksche Verfassung
für ein „vollkommenes Beispiel einer integrierenden Verfassung" bezeichnet und
die Weimarer als eine Ordnung, die an der Frage der Integration – als dem grundlegenden Problem einer Verfassung überhaupt – vorbeikonstruiert wurde[46]. Unhaltbar deshalb, weil man sich nur die „Freund-Feind-Kämpfe" in Erinnerung ru-
fen muss, die Bismarck gegen Katholizismus und Sozialdemokratie über Jahre
geführt hat[47]. Bei der Klassifikation der Staatsformen spricht Smend darüber hinaus, angelehnt an die Schmittsche Unvereinbarkeit von Liberalismus und Demokratie[48], dem Parlamentarismus wegen mangelnder Integrationskraft auch noch
rundweg die Qualität als „Staatsform" überhaupt ab:

> „In den Erörterungen über Liberalismus und Parlamentarismus einer- und Demokratie
> andererseits ist... der radikale innere Gegensatz von Parlamentarismus und Demokra-
> tie evident geworden. Liberale Staatstheorie ist keine Staatstheorie... liberale Staats-
> form, d.h. Parlamentarismus ist keine Staatsform, weil auf funktionelle Integration
> allein kein Staat gegründet werden kann"[49].

Übertragen auf den damaligen politischen Hintergrund folgte hieraus eine Infragestellung der Staatsqualität der Weimarer Republik und ihrer Legitimations-
grundlagen"[50]. Smend kündigt diese Intention übrigens mit dem Titel seiner Arbeit schon an. Die Formulierung „Verfassung und Verfassungsrecht" lässt erkennen, dass sich hinter der positiven, schriftlich fixierten Weimarer Verfassung die
„wahre" – weil integrierende – Verfassung als Maßstab verbirgt – eine Frontstellung, die gerade auch Schmitt in seiner Schrift „Legalität und Legitimität" bezog,
indem er der legalen Weimarer Ordnung die Legitimität absprach[51]. In einer von
Smend am 18. Januar 1933 gehaltenen Rede kommt dies in einer weiteren analogen
Gegenüberstellung von „Bürger und Bourgeois" pointiert zum Ausdruck. Mit eindeutig antipluralistischem Tenor beklagt er, dass der nur um seinen Vorteil scha-

---

45 Vgl. Smend: Die Verschiebung der konstitutionellen Ordnung durch die Verhältniswahl
    (1919); in: Staatsrechtliche Abhandlungen, aaO, wenngleich hier noch nicht der Begriff der
    Integration explizit fällt.
46 Ebd., S. 141.
47 Lehnert, Detlef: Wie desintegrativ war die Weimarer Reichsverfassung?; in: KJ, 1999, S. 398 ff.
48 Vgl. z.B. Schmitt: Die geistesgeschichtliche Lage des heutigen Parlamentarismus, 8. Aufl.,
    Berlin 1996, Vorbemerkung (über den Gegensatz von Parlamentarismus und Demokratie).
49 Smend: Verfassung und Verfassungsrecht, S. 219.
50 Vgl. Stolleis, Bd, 3, aaO, S. 175.
51 Vgl. Schmitt: Legalität und Legitimität, 5. Aufl., Berlin 1993.

chernde „Bourgeois" die integrierende Kraft der Verfassung, die politische Einheit zerstöre:

> „Vollends ist es so bei der Weimarer Verfassung. Versteht man sie im bourgeoisen Sinne als die Ordnung einer Lage, in der jeder nur das Seine und nicht das Ganze sucht, sich dem Ganzen nicht verpflichtet weiß, dann ist sie eine Organisation des Pluralismus, d.h. des letzten Endes anarchischen Nebeneinanders der politischen Gruppen… Was im zweiten Teil der Verfassung einzelnen Volksteilen zugesichert wird, erscheint dann je als das mehr oder weniger gute Geschäft, das Eigentümer und Arbeiter, Mittelstand und Frauen, Beamte und Lehrer, Kirche und Gewerkschaften in Weimar gemacht haben: sie haben hier mit mehr oder weniger Glück, wie ein bourgeoiser Rentner, ihr Schäfchen ins Trockene gebracht… und können nun aus dieser Position heraus den Kampf aller gegen alle mitansehen oder weiterführen"[52].

Für Smend hat eine solche um Vorteile und Kompromisse feilschende Ordnung zwischen „Krämern" jeglichen Anspruch auf Legitimität verspielt. Mit Hinweis auf Schmitt, der „die zerstörende Wirkung dieses Pluralismus auf Staat und Verfassung"[53] ja beschrieben habe, führt er aus:

> „Es bedarf keines Worts näherer Begründung, daß die Beurkundung eines solchen Handelsgeschäfts zwischen Interessentenhaufen keine Verfassung wäre, nichts, dem man Treue schwören kann…"[54].

In der von Smend mit Schmitt postulierten Unvereinbarkeit von Parlamentarismus und Demokratie offenbart sich ein Demokratieverständnis, dem die Homogenität der zur politischen Einheit „integrierten" Gesellschaft als „Gemeinschaft"[55] zugrunde liegt. Kein Wunder, dass er das für den Begriff einer pluralistischen Demokratie wesentliche Entscheidungsverfahren des (parlamentarischen) Mehrheitsbeschlusses als bloß formalistisch klassifiziert. Am Ende hiervon steht dann die Diktatur, die spöttisch formuliert, zweifellos in der Homogenität der „Gemeinschaft" alles am besten „integriert". Smend zieht diese Schlussfolgerung selbst. Im Rückgriff auf Schmitt formuliert er:

---

52 Smend: Bürger und Bourgeois im deutschen Staatsrecht. Rede bei der Reichsgründungsfeier der Universität Berlin vom 18.01.1933; in: Staatsrechtliche Abhandlungen, S. 323.
53 Ebd.
54 Ebd.
55 Vgl. hierzu schon Tönnies, Ferdinand: Gemeinschaft und Gesellschaft, Nachdruck der 8. Aufl., Darmstadt 1963.

„Nur so erklärt sich…, daß Demokratie Homogenität voraussetzt, d. h. einen homogenen Gehalt; nur so, daß die Demokratie trotz ihres Mehrheitsprinzips in die Minderheit
kommen und deshalb der Diktatur zu ihrer Durchsetzung bedürfen kann"[56].

Und: „Die große Fundgrube für Untersuchungen in dieser Richtung ist aber heute die
Literatur des Faschismus. Sowenig sie eine geschlossene Staatslehre geben will, sosehr
sind Wege und Möglichkeiten neuer Staatswerdung, Staatsschöpfung, staatlichen Lebens, d. h. genau dessen was hier als Integration bezeichnet wird, ihr Gegenstand, und
ihre planmäßige Durchmusterung unter dem Gesichtspunkt der hier unternommenen
Fragestellung würde einen reichen Ertrag liefern, dessen Wert unabhängig von Wert
und Zukunft der faschistischen Bewegung selbst sein würde"[57].

Wenn also Smend selbst später den Charakter seiner Integrationslehre als ein
„Modell streng demokratischen Denkens" bezeichnet, da „sie den Einzelmenschen voranstellt"[58], so ist dem entgegenzuhalten, dass das hier zugrunde liegende
Verständnis mit dem einer pluralistischen Demokratie und offenen Gesellschaft
nichts gemein[59] hat[60]. Und in der geschichtlichen Wirkung seiner Lehre ist Sontheimer zuzustimmen, wonach mit „Smends scharfer Kritik am Liberalismus…
die Integrationslehre nicht als Unterstützung der die Republik tragenden Kräfte,
sondern viel eher als Hilfestellung für die gegen die Weimarer Republik opponierenden Anhänger eines antiliberalen Staatsgedankens empfunden" wurde[61]. Nun,

---

56 Smend: Verfassung und Verfassungsrecht, S. 221.
57 Ebd., S. 141; auf diese Stelle macht auch Kelsen deutlich aufmerksam: Der Staat als Integra-
    tion, aaO, S. 58.
58 Smend: Integration; in: Evangelisches Staatslexikon, 2. Aufl., Stuttgart – Berlin 1975, Sp. 1 026.
59 So schon früh die abschließende Bewertung der Integrationslehre als Kampfmittel gegen die
    Weimarer Republik bei Kelsen: Der Staat als Integration, S. 91. Folgerichtig die Einordnung
    Smends als Gegner des Pluralismus auch bei Nuscheler/Steffani: Pluralismus, aaO, S. 26. Er-
    staunlicherweise gerade im Hinblick auf die Rede Smends „Bürger und Bourgeois" a. A. Ba-
    dura, aaO, der den Integrationsbegriff bei Smend demokratisch aufgeladen sieht, da die
    Integration von der freien Entscheidung und Aktivität des Einzelnen abhängig sei. Dazu ist
    zu bemerken, dass dies freilich auch für einen „plebiszitären Führerstaat" gelten kann. Im-
    merhin räumt Badura ein, dass der „demokratische Mythos Rousseaus, dessen Wort vom
    täglichen Plebiszit von Smend mehrfach herangezogen wird, verdrängend fortwirkt", S. 321 f.
60 Dies findet auch Bestätigung in der Tatsache, dass die Parteien im Smendschen Hauptwerk
    überhaupt keine Rolle spielen; vgl. Smend: Verfassung und Verfassungsrecht, S. 241, wo die
    Parteien beiläufig ein einziges Mal genannt werden.
61 Sontheimer, Kurt: Antidemokratisches Denken in der Weimarer Republik, München 1978,
    S. 84; a. A. Friedrich: Rudolf Smend, aaO, S. 14–16. Gleichwohl ist festzuhalten, dass sich
    Smend in der Rede vom Januar 1933 hiervon subjektiv distanzierte, indem er beklagte: „Der
    Gegenwart droht der Staatsbürger unterzugehen im Anhänger der politischen Konfession,
    in den absorptiven, religionsähnlichen Ansprüchen der großen politischen Bewegungen";
    Smend, Bürger und Bourgeois im deutschen Staatsrecht, aaO, S. 324.

dieses Urteil fällt wohl noch eher etwas zu milde aus. Denn Smend hat sich in der Tradition hegelianischer Staatsontologie gesehen, deren totalitäre Implikation ausgerechnet Carl Schmitt mit Bezug zur Integrationslehre selbst herausgestellt hat[62].

3) „Politische Einheit" und „Integration" als Konzept von Fremdenfeindlichkeit

Kehren wir von diesem ideengeschichtlichen Kontext der Integrationslehre zurück zur aktuellen öffentlichen Diskussion um Rechtsextremismus, Ausländerfeindlichkeit und „Integration". Häufig ist dabei zu vernehmen, dass es vor allem sozioökonomische Probleme seien – Stichwort: Massenarbeitslosigkeit – die zu dem Phänomen führten. Diese Erklärung scheint nach dem ersten Anschein auch in historischer Perspektive zu bestechen. Ein Blick auf das Scheitern der Weimarer Republik durch den politischen Extremismus von Links vor allem aber von Rechts, auf die Radikalisierung infolge von Inflation und Weltwirtschaftskrise, suggeriert die Richtigkeit der Annahme. Dies vor allem, wenn man sich vor Augen führt, dass es der NSDAP seinerzeit gelang, innerhalb von vier Jahren, nämlich im Zeitraum von 1928 bis 1932, nicht nur aus ihrer politischen Schattenexistenz einer Splitterpartei herauszutreten, sondern sogar stärkste Fraktion im Reichstag zu werden[63] – zeitlich zusammenfallend mit dem Höhepunkt der Massenarbeits-

---

62 „Rudolf Smends Lehre von der Integration des Staates scheint mir… einer politischen Situation zu entsprechen, in welcher nicht mehr die Gesellschaft in einen bestehenden Staat hinein integriert wird…, sondern die Gesellschaft sich selbst zum Staat integrieren soll. Daß diese Situation den totalen Staat erfordert, äußert sich am deutlichsten in der Bemerkung Smends…, wo von Hegels Gewaltenteilungslehre gesagt wird, sie bedeute ‚die lebendigste Durchdringung aller gesellschaftlichen Sphären durch den Staat zu einem allgemeinen Zwecke, alle vitalen Kräfte des Volkskörpers für das Staatsganze zu gewinnen'. Dazu bemerkt Smend, das sei ‚genau der Integrationsbegriff' seines Buches über Verfassung. In Wirklichkeit ist es der totale Staat, der nichts absolut Unpolitisches mehr kennt, der die Entpolitisierungen des 19. Jahrhunderts beseitigen muß…"; Schmitt: Der Begriff des Politischen, aaO, S. 26.; vgl. auch Lhotta, Roland: Rudolf Smend und die Weimarer Demokratiediskussion: Integration als Philosophie des „Als-ob"; in: Gusy, Christoph (Hrsg.): Demokratisches Denken in der Weimarer Republik, Baden-Baden 2000, S. 131.
63 Noch 1928, also bei den Reichstagswahlen vor dem „Schwarzen Freitag" von 1929, bekam die NSDAP lediglich 2,6 % der Stimmen. Vier Jahre später, bei den Wahlen zum Reichstag vom Sommer 1932 erzielte sie mit 37, 4 % ihr bestes Ergebnis auf Reichsebene unter den Bedingungen einer freien Wahl. Vgl. zu den Einzelheiten des Wählerverhaltens in Weimar: Falter, Jürgen W.: Wahlen und Wählerverhalten unter besonderer Berücksichtigung des Aufstiegs der NSDAP nach 1928; in: Bracher, Karl D./Funke, Manfred/Jacobsen, Hans-Adolf (Hrsg.): Die Weimarer Republik 1918–1933, 2. Aufl., Bonn 1988, S. 484 ff.

losigkeit infolge der Weltwirtschaftskrise seit 1929[64]. Ohne bezweifeln zu wollen, dass sozioökonomische Faktoren Rechtsextremismus und Ausländerfeindlichkeit erheblich katalysieren, handelt es sich nach der hier vertretenen Auffassung jedoch vor allem um ein Problem der Konstitution von kollektiver Identität[65].

Das zeigt sich nicht nur daran, dass es einer Vielzahl von denjenigen, die mit rechtsextremistischer Gewalt stillschweigend oder offen sympathisieren, gar nicht so schlecht geht, diese gar keine „Verlierer" sondern sozial „integriert" sind. Das konnte man zudem bestätigt finden, wenn man aufmerksam die „Zwischentöne" der Debatte um die Staatsangehörigkeit verfolgte. Es offenbart sich auch in der Tatsache, dass Rechtsextremismus und Ausländerfeindlichkeit zwar nicht nur im Osten Deutschlands, dort aber – im wahrsten Sinne des Wortes – ganz „*gewaltig*"[66] ein Problem darstellen – also in einer Region, wo es im Unterschied etwa zu Frankfurt oder dem Ruhrgebiet so gut wie überhaupt keine „Ausländer" gibt. Denn während der prozentuale Anteil der „ausländischen" Bevölkerung im Westen je nach Bundesland zwischen rund 8 und 15 % beträgt, ist dieser mit 1,5 bis 2,3 % in den östlichen Ländern auffallend niedrig[67]. Und: Gerade die frühere DDR hatte sich ja als „nationale Klassengemeinschaft" kollektiv definiert und die auf ihrem Territorium sich aufhaltenden Ausländer der „sozialistischen Bruderländer" von der Bevölkerung abgeschirmt[68]. All dies deutet eher darauf hin, dass die Angst vor dem „Fremden" eine erhebliche Rolle spielt, die um so größer ist, je „fremder" der „Fremde" subjektiv erscheint, d. h. je seltener man mit ihm in Berührung

---

64 Jedoch war die faschistische Bewegung in Italien schon längst erfolgreich und umgekehrt hat es Länder mit hoher Arbeitslosigkeit infolge der Weltwirtschaftskrise gegeben, in denen faschistische Parteien marginalisiert bzw. Episode blieben.

65 Vgl. hierzu schon van Ooyen: Rechtsextremismus, Fremdenfeindlichkeit und Integration; in: RuP, 2001, S. 97 ff.

66 Vgl. z. B. die Zahlen des Verfassungsschutzes, wonach alle östlichen Bundesländer, an der Spitze Sachsen-Anhalt, das „Ranking" rechtsextremistisch motivierter Gewalttaten je 100 000 Einwohner dominieren; die im positiven Sinne „Schlusslichter" sind NRW, Bayern, Hessen und das Saarland; BMI: Verfassungsschutzbericht 1999, S. 23.

67 Zahlen gerundet nach Pfahl-Traughber, Armin: Die Entwicklung des Rechtsextremismus in Ost- und Westdeutschland; in: APuZ, 39/2000, S. 3 ff. Auch er kommt zu diesem Schluss: „Darüber hinaus veranschaulichen diese Zahlen, dass das Ausmaß der Gewalt offensichtlich nicht durch die hohe Anzahl von anwesenden Ausländern bedingt ist. Das genaue Gegenteil lässt sich aus den Daten ablesen: In den Bundesländern mit einem relativ hohen Ausländeranteil kam es zu einem relativ geringen Ausmaß von rechtsextremistisch motivierter Gewalt"; S. 11. Zugleich weist er jedoch darauf hin, dass es sich beim Rechtsextremismus in gleicher Weise um ein gesamtdeutsches Phänomen handelt, „nur" der militante Rechtsextremismus im Ostens stärker ausgebildet ist.

68 Zu diesen „Traditionslinien" der früheren DDR vgl. aktuell Poutru, Patrice G./Behrends, Jan C./Kuck, Dennis: Historische Ursachen der Fremdenfeindlichkeit in den neuen Bundesländern; in: APuZ, 39/2000, S. 15 ff.

kommt und je stärker man sich – worüber auch immer – als Teil einer „Gemeinschaft" begreift. Die hieraus abzuleitende These lautet daher pointiert formuliert:

> Die von Politikern und in der öffentlichen Diskussion vielbeschworene „Integration" von „Ausländern" ist nicht nur ein völlig untaugliches Konzept zur Bekämpfung von Ausländerfeindlichkeit – sie ist vielmehr in dem dargestellten Verständniskontext der Lehre Smends als ein Mittel der Konstitution von antipluralistischer „Gemeinschaft" und kollektiver Identität geradezu Ausdruck ihrer Ursache.

Das ergibt sich auch als „Lehre" aus der Geschichte: Wohl keine Diktatur hat dies klarer hervortreten lassen als der Nationalsozialismus. Die Verfolgung von Juden, Kommunisten, Roma und Sinti, Homosexuellen, Behinderten, „Asozialen" usw. – kurz aller „Anderen" – war vor allem Ausdruck von Fremdenfeindlichkeit: nämlich die existentielle Vernichtung des „Fremden" gegenüber dem als politische „Einheit" in einer bestimmten Form konstituierten „Volk". Denn fast alle der in Deutschland von den nationalsozialistischen Verfolgungsmaßnahmen betroffenen Bürger – und gerade die jüdischen Glaubens – waren ja gar keine „Ausländer", sondern vielmehr „Deutsche".

Typisch für die „homogene Gemeinschaft" ist – angelehnt an die Diktion von Karl Popper – die Konzeption einer „geschlossen Gesellschaft"[69], die sich gegenüber dem „Fremden", dem „Anderen" „schließt". Dabei ist der Grund, der die vermeintliche „Homogenität" der „Gemeinschaft" politisch konstituiert, im Ergebnis egal. Alle Konzeptionen von Gemeinschaft als kollektiver Identität funktionieren letztlich nach diesem Muster – ob „links" als „Klassengemeinschaft" oder „rechts" als „Volksgemeinschaft", ob als „Glaubensgemeinschaft" oder – so prognostizierte es schon dramatisch Samuel Huntington[70] – als „Kulturgemeinschaft". Niemand anders hat das Konzept von „Gemeinschaft" und Fremdenfeindlichkeit mit all seinen politischen Implikationen exakter als „politische Theorie" formuliert als der wohl intellektuellste (Rechts)extremist des 20. Jahrhunderts: Carl Schmitt. In seiner „Freund-Feind-Theorie" des Politischen wird der „Fremde" als das „Heterogene" von der homogenen Gemeinschaft ausgeschlossen und als Konsequenz hieraus seine Vernichtung miteinbegriffen. Im „Begriff des Politischen" heißt es:

---

69 Vgl. insgesamt Popper, Karl: Die offene Gesellschaft und ihre Feinde, 2 Bde, 7. Aufl., Tübingen 1992.
70 Huntington, Samuel P.: Der Kampf der Kulturen. Die Neugestaltung der Weltpolitik im 21. Jahrhundert, München – Wien 1996; vgl. dagegen, das Problem der kollektiven Identität gerade auch bei Huntington thematisierend: Meyer, Thomas: Identitäts-Wahn. Die Politisierung des kulturellen Unterschieds, 2. Aufl., Berlin 1998.

„Die spezifisch politische Unterscheidung, auf welche sich die politischen Handlungen und Motive zurückführen lassen, ist die Unterscheidung von Freund und Feind"[71].

„Der politische Feind… ist eben der andere, der Fremde, und es genügt zu seinem Wesen, daß er in einem besonders intensiven Sinne existenziell etwas anderes und Fremdes ist[72].

Denn die Begriffe „Freund und Feind", die bei Schmitt die „politische Einheit" als „Gemeinschaft" konstituieren, sind „in ihrem konkreten, existenziellen Sinn zu nehmen, nicht als Metaphern oder Symbole"[73], sie erhalten „ihren realen Sinn dadurch, dass sie insbesondere auf die reale Möglichkeit der physischen Tötung Bezug haben"[74] – d. h. im Kampf. Aus dieser Schmittschen Sicht der Dinge ergibt sich – insofern konsequent – auch die Beliebigkeit des Grunds, warum der „Andere" der „Fremde" ist – und gegebenenfalls totzuschlagen ist. „Hauptsache", er ist „fremd" genug – und das lässt sich, ob Staatsangehörigkeit, Religion, Kultur, Hautfarbe usw., potenziell überhaupt in jede nur denkbare Richtung konstruieren:

„Das Politische… bezeichnet kein eigenes Sachgebiet, sondern nur den Intensitätsgrad einer Assoziation oder Dissoziation von Menschen, deren Motive religiöser, nationaler (im ethnischen oder kulturellen Sinne), wirtschaftlicher oder anderer Art sein können".

„Politisch ist jedenfalls immer die Gruppierung, die sich an dem Ernstfall orientiert. Sie ist deshalb immer die maßgebende menschliche Gruppierung, die politische Einheit infolgedessen immer… die maßgebende Einheit…"[75].

---

71 Schmitt: Der Begriff des Politischen, aaO, S. 26.
72 Ebd., S. 27.
73 Ebd., S. 28. So hat denn auch Carl Schmitt seinen „Feind" ab 1933 in einer Reihe von antisemitischen Aufsätzen und Reden bestimmt, zum Teil direkt gerichtet gegen frühere Kollegen jüdischen Glaubens; vgl. z. B. Schmitt: Eröffnungs- und Schlussansprache auf der Tagung der Reichsgruppe Hochschullehrer des NSRB am 03./04. 10. 1936; in der Reihe: Das Judentum in der Rechtswissenschaft, Bd. 1, Die deutsche Rechtswissenschaft im Kampf gegen den jüdischen Geist, Deutscher Rechtsverlag, Berlin 1936, S. 14 bzw. S. 28 ff.; zum Antisemitismus als durchgängigem „Muster" bei Schmitt vgl. auch sein erst 1991 veröffentlichtes Glossarium. Aufzeichnungen der Jahre 1947–1951, Berlin; Gross, Raphael: Carl Schmitt und die Juden. Eine deutsche Staatslehre, Frankfurt a. M. 2000; zum politischen Verhalten in der Zeit von 1933 bis 1945 vgl. Rüthers, Bernd: Carl Schmitt im Dritten Reich. Wissenschaft als Zeitgeist-Verstärkung?, 2. Aufl., München 1990.
74 Schmitt: Der Begriff des Politischen, S. 33.
75 Ebd., S. 38 bzw. S. 39.

Was folgt hieraus – d. h. aus dem Schmittschen Denken als Typus des extremistischen und fremdenfeindlichen Denkens schlechthin – im Sinne eines Umkehrschlusses?

Nun, es kann nur bedeuten, dass jede Form der kollektiven Identität, eine politische „Einheit" als „Gemeinschaft" radikal zu negieren ist, da sie „notwendigerweise" den „Anderen" als „Fremden" ausschließen und zum „Feind" konstruieren muss. Damit fällt aber auch eine jegliche Konzeption von Integration – etwa im Sinne der über alle Parteigrenzen[76] hinweg öffentlich viel beschworenen „Integration" von „Ausländern":

Es gibt nichts zu „integrieren" – weder „Ausländer", noch „Katholiken", „Behinderte", „Türken", „Rothaarige", „Moslems", „Juden", „Schwule", Brillenträger usw. – in diesem Sinne noch nicht einmal die „Deutschen" zu „Europäern". Denn als Konzept gegen Ausländerfeindlichkeit setzt – wie an der Lehre Smends gezeigt – die „Integration" begrifflich ja die Existenz einer „Einheit", einer kollektiven Identität überhaupt schon voraus – nämlich die „Gemeinschaft", in die hinein „integriert" werden kann (so im Falle des „Ausländers" die „Einheit" des „deutschen Volkes" als „Gemeinschaft"). Sie ist daher – bewusst oder unbewusst – selbst immer schon Ausdruck einer fremdenfeindlichen Haltung, da sie die Differenz des „Fremden" nicht zulassen kann, sondern vielmehr durch „Integration" aus ihm das „Identische", das vermeintlich „Homogene" machen und das „Fremde" austreiben, „vernichten" will. Wer „integrieren" will, hat den „Fremden" also längst definiert, ausgeschlossen und zum „Feind" erklärt. Und er bestätigt schließlich die Fremdenfeindlichkeit der Rechtsextremisten, indem er ihnen gegenüber ja eingesteht, dass der „Fremde" als „Fremder" gar nicht zu ertragen sei, sondern eben „integriert" werden müsse. Insoweit unterscheidet sich das Konzept der „Integration" also gar nicht von der Fremdenfeindlichkeit des Rechtsextremismus; es ist selbst nichts anderes als ein Mittel im Kampf gegen die vermeintliche „Überfremdung" einer als politische Einheit begriffenen „Gemeinschaft".

Im günstigsten Fall sind damit Vorstellungen impliziert, die sich, analog zum Kontext der Unterdrückung der Schwarzen in den USA ausgedrückt, an „Onkel Tom's Hütte" orientieren. Sie erlauben polemisch formuliert dem „Alibi-Neger" einen Platz am Rande der „weißen Gemeinschaft", solange er sich unterwürfig

---

76 Aufschlussreich in dieser Hinsicht ist z. B. die seinerzeitige „Arbeitsgrundlage für die Zuwanderungs-Kommission der CDU Deutschlands" vom 06.11.2000, wo die häufige Verwendung des Begriffs der „nationalen Identität" mit einer noch häufigeren des Wortes „Integration" einhergeht – in einer so beschwörenden Weise, die allein auf Angst und schwaches Selbstbewusstsein rückschließen lässt. In dem analogen Kontext der Debatte um die Staatsangehörigkeit sollte selbst für „Etatisten" plausibel sein, was aus französischer Sicht die Politikwissenschaftlerin Kastoryano zu Recht feststellte: „Ein starker Staat fürchtet sich nicht vor zwei Pässen"; in: FR vom 18.02.1999.

verhält und seine Position als „underdog" nicht mit „unverschämten" Forderungen nach politischer Gleichberechtigung infrage stellt – und am besten in seiner Ghettohütte bleibt. Da aber, um im Bild zu bleiben, das aus Sicht der Gemeinschaft zum Fremden erklärte „Schwarze" nicht „wegzuintegrieren" ist, solange eben am Konzept von Gemeinschaft festgehalten wird – weil nämlich „notwendig" als Bedingung der Konstitution der kollektiven Identität als „Weiße" – wird die durch die Gemeinschaft vorgenommene und weiterhin prinzipiell bestehende Exklusion einer Bevölkerungsgruppe allenfalls nur camoufliert. Sie kann daher jederzeit, häufig sogar zur völligen Überraschung der „Integrierten" selbst, wieder nach dem „Freund-Feind-Schema" aktualisiert werden. Das ist nicht nur deutlich geworden an den rassistisch motivierten Diskriminierungen der amerikanischen Mehrheitsbevölkerung gegenüber den japanischen Einwanderern, die man massenhaft während des Zweiten Weltkriegs einfach generell wegen ihres „Japanischseins" freiheits- und vermögensberaubend über Jahre in (Wüsten)Lagern internierte – und zwar das, obwohl sie amerikanische Staatsbürger waren[77]. Zu Recht weigerten sich daher viele amerikanische Bürger japanischer Herkunft, ihre Loyalität gegenüber den USA durch Kriegsdienst zu beweisen, ohne dass ihnen *zuvor* generell die vollen Bürgerrechte wieder zuerkannt worden wären.

Aber: Nirgends ist dieses Scheitern des Konzepts der „Integration" klarer erkennbar als in der deutschen Geschichte angesichts der Verfolgung und Vernichtung der deutschen Bürger jüdischen Glaubens. Denn: Keine Gruppe von „Fremden" war in Sprache, Kultur, Beruf usw. so „integriert" – so „deutsch" – wie die „deutschen Juden" – und trotzdem sind sie in Auschwitz ermordet worden. Nicht nur schützte also offensichtlich nicht einmal die gar bis zur Assimilation getriebene „Integration" vor Vernichtung, sondern sie war, weil sie das „Jüdische" nicht zuließ – und daher jederzeit wieder als Gespenst des „Fremden" politisch mobilisierbar blieb – insoweit sogar ein Faktor ihrer Ursachen. Wie überrascht selbst Betroffene davon waren, weil sie sich – nicht zuletzt etwa als Kriegsteilnehmer am Ersten Weltkrieg – doch längst „integriert" glaubten, erläuterte im autobiografischen Rückblick z. B. Ernst Fraenkel:

> „Was immer an jüdischem Bewußtsein bei mir vorhanden gewesen sein mag, wurde durch den Ausbruch des Krieges in den Hintergrund gedrängt. Ich war zutiefst davon überzeugt, daß der Krieg das Ende deutschen Antisemtismus' bedeute. Der allgemei-

---

77 Einschl. der seinerzeitigen Praxis regelmäßiger, standardisierter Befragung zur Loyalität amerikanischer Bürger japanischer Herkunft (z. B. ob man außer der englischen noch die japanische Sprache pflegte); zur Thematik vgl. insgesamt: Matyas, Irene: Die Internierung der an der Westküste der USA lebenden japanischen Staatsbürger und amerikanischen Staatsbürger japanischer Abstammung während des Zweiten Weltkriegs: Vorgeschichte, Ereignisse und Folgen, Wien u. a. 1990.

nen Kriegsbegeisterung des Jahres 1914 habe ich mich nicht entzogen… So zuwider mir in späteren Phasen des Kriegs die Romantisierung meines eigenen Fronterlebnisses gewesen ist, so absurd schien mir der Gedanke, es könnten gegen jüdische Kriegsteilnehmer jemals Diskriminierungen vorgenommen werden"[78].

Ausländer-, Fremdenfeindlichkeit überhaupt ist folglich gerade nicht zu bekämpfen durch Konzepte der „Integration" von „Ausländern", die immer auf die Herstellung oder Bewahrung einer kollektiven Identität, auf „Einheit" zielen. Diese bleiben dem „Freund-Feind-Denken" verhaftet, das Carl Schmitt so „treffend" formuliert hat. Zur Bekämpfung von Fremdenfeindlichkeit kann im Gegenteil nur auf Konzepte gesetzt werden, die die Differenz, den „Fremden" als „Fremden" zulassen und ihn nicht in einer vermeintlichen „Gemeinschaft" (der „Deutschen", des „christlichen Abendlands" der „Europäer" usw.) „homogenisieren" wollen. Dies können letztlich nur konzeptionelle Ansätze sein, die deutlich herausstellen, dass in einer pluralistischen[79] Gesellschaft, dass in der Vielheit die „Einheit" im Sinne einer kollektiven Identität ein Irrweg ist – und zugleich lediglich ein Mythos.

4) Wahlrecht für Ausländer – oder: Wer ist Bürger?

a) Die Verfassung stiftet die „Einheit" in einer pluralistischen Gesellschaft

Bleibt zu fragen, welches gemeinsame Band denn die Individuen einer Gesellschaft in ihrer Vielheit von politischen, wirtschaftlichen, religiösen, kulturellen usw. Interessen und Meinungen noch verbindet? Die sich gründenden USA fanden gegenüber den englischen Kolonialherren den kleinsten gemeinsamen Nenner im pragmatischen Motto „no taxation without representation" der „Bostoner-Tea-Party" – „wer Steuern zahlt, bestimmt politisch mit". Dieses gleichwohl klassisch moderne Kriterium taugt freilich aus heutiger Sicht kaum noch, wären doch die politischen Rechte – wie es ja im 19. Jahrhundert in den „Mutterländern" von Parlamentarismus und Demokratie mittels Zensuswahlrecht auch üblich war – dem steuerzahlenden Besitzbürger vorbehalten. Zur Bestimmung des

---

78 Fraenkel, Ernst: Reformismus und Pluralismus. Materialien zu einer ungeschriebenen politischen Autobiographie, Hamburg 1973, S. 15.

79 Vgl. hierzu die klassischen Schriften von: James, William: Das pluralistische Universum. Vorlesungen über die gegenwärtige Lage der Philosophie, Nachdruck, Darmstadt 1994; Kelsen: Vom Wesen und Wert der Demokratie, 2. Neudruck der 2. Aufl., Aalen 1981; Fraenkel: Deutschland und die westlichen Demokratien, erw. 2. Aufl., Frankfurt a. M. 1990.

„Staatsvolks" – besser: des politischen Status des Bürgers in der Gesellschaft – ist vielmehr auf Hans Kelsen zu rekurrieren, demokratischer Verfassungsrechtler und Begründer der „Wiener Rechtsschule", der mit seinen Arbeiten bis heute viel zur Entzauberung des Staatsbegriffs beigetragen hat. Kelsen hatte schon zu dieser Zeit den Pluralismus eben nicht als Gefahr der Auflösung einer vermeintlich existierenden politischen Einheit „Volk", sondern in diesem gerade das konstitutive Element einer demokratischen Gesellschaft gesehen. Ein „Staatsvolk" als eine wesensmäßig gegebene politische Einheit konnte es für Kelsen nicht geben:

> „Eben darum muß man sich von der üblichen Vorstellung emanzipieren, derzufolge das Staatsvolk ein räumliches Zusammensein, ein seelisch-körperliches Konglomerat und als solche eine unabhängig von aller Rechtsordnung existente Einheit einer Vielheit von Menschen ist".[80]

> Denn es ist „… eine Fiktion, wenn sich die durch die staatliche Rechtsordnung konstituierte Einheit einer Vielheit einzelmenschlicher Akte, indem sie sich als ‚Volk' bezeichnet, als ‚ein Inbegriff von Menschen' ausgibt und so vortäuscht, daß alle Menschen, die nur mit einzelnen ihrer von der staatlichen Ordnung gebotenen oder verbotenen Handlungen zum Staatsvolk gehören, mit ihrem ganzen Wesen dieses Staatselement bildeten"[81].

Wenn sich überhaupt das „Staatsvolk" als „Einheit" begreifen läßt, dann – so Kelsen – nur als juristischer Tatbestand, als die

> „… Einheit der das Verhalten der normunterworfenen Menschen regelnden staatlichen Rechtsordnung… Als solche Einheit ist das ‚Volk' gar nicht – wie die naive Vorstellung vermeint – ein Inbegriff, ein Konglomerat gleichsam von Menschen, sondern nur ein System von einzelmenschlichen Akten, die durch die staatliche Rechtsordnung bestimmt sind"[82];

> und: „… ist die Einheit des Volkes nur durch die Einheit der Rechtsordnung begründet"[83].

Das die „Einheit" in der Vielheit der durch unterschiedliche Interessen und Meinungen gesteuerten menschlichen Handlungen begründende gemeinsame Band

---

80   Kelsen: Allgemeine Staatslehre, 2. Neudr., Wien 1993, S. 150 f.
81   Kelsen: Vom Wesen und Wert der Demokratie, S. 16.
82   Ebd., S. 15.
83   Kelsen: Allgemeine Staatslehre, S. 149.

ist also das Gesetz, d. h. als lex fundamentalis die Verfassung. Gerade deshalb besteht ja für alle – ob „Inländer" oder „Ausländer" – die Pflicht, die Gesetze zu befolgen. Denn außer im „Menschsein" der Kategorien von Freiheit und Gleichheit konstituiert sich die „Gemeinschaft" nur durch die in den Gesetzen vereinbarten Regeln – so schon vor 2 000 Jahren von Cicero in seiner „Republik" als „Rechtsgemeinschaft", beschrieben:

> „Quid est enim civitas nisi iuris societas civium?"[84].

Auch dem „deutschen" Aufklärungs-Philosophen war dieser Zusammenhang antiker politischer Theorie noch ganz klar. Er definierte:

> „Ein Staat (civitas) ist die Vereinigung einer Menge von Menschen unter Rechtsgesetzen"[85].

Der politische Status des Bürgers in der Gesellschaft wird folglich durch die dauerhafte „Normunterwerfung" – unter die zwischen den Bürgern ausgehandelte „gute Ordnung" (= Verfassung) – konstituiert. Insofern muss hier auch nichts mehr „integriert" noch irgendeine „Loyalitätsbekundung" erbracht oder „Identitätskonflikte" befürchtet werden[86]. Und: Selbst gleichzeitig verschiedenen Rechtsordnungen dauerhaft unterworfen und damit „Bürger" zu sein, ist so ungewöhnlich nicht, vielmehr schon heute sogar für jeden Bundesbürger Fakt – als „Deutscher" dem Grundgesetz, als „Europäer" dem europäischen Recht als Rechtsordnung „sui generis", bisweilen als „Bürger" unmittelbar dem Völkerrecht[87].

---

84 „Was ist denn die Bürger-„gemein"-schaft, wenn nicht die Rechtsgemeinschaft der Bürger?"; Cicero, Marcus T.: De re publica (liber primus), Düsseldorf – Zürich 1999, S. 66; einführend vgl. Gugg, Karl H.: Cicero; in: Maier, Hans/Rausch, Heinz/Denzer, Horst (Hrsg.): Klassiker des politischen Denkens, Bd. 1, 6. Aufl., München 1986, S. 70 ff.

85 Kant, Immanuel: Die Metaphysik der Sitten, Stuttgart 1997 (Reclam), § 45, S. 169.

86 Dagegen sieht das neue Recht eine solche „Loyalitätsbekundung" vor, da im Falle der – nunmehr hinsichtlich der Dauer des Aufenthalts erleichterten – Einbürgerung der Anspruch auch von einem Bekenntnis zum Grundgesetz abhängig gemacht wird.

87 In diesem Zusammenhang sei darauf hingewiesen, dass Kelsen schon zu Beginn der zwanziger Jahre die in der Tradition der Rechtsphilosophie Hegels stehende Position kritisierte, die ausgehend von der absoluten Souveränität des Staates das Völkerrecht lediglich als „äußeres Staatsrecht" betrachtete. Auch im Bereich des Völkerrechts sah Kelsen den Mensch als Fixpunkt, da „Inhalt einer Norm… menschliches Verhalten sein muß, andernfalls die Norm eben überhaupt keinen Inhalt hat"; Kelsen: Das Problem der Souveränität und die Theorie des Völkerrechts, Neudruck der 2. Aufl. von 1928, Aalen 1981, S. 160. Diese Auffassung, „daß in jeder Rechtsordnung letztlich nur der Mensch Rechtssubjekt sein kann, und daß auch die Staaten und internationalen Organisationen ihre Rechtssubjektivität in der Rechtsordnung

b) Ausländerwahlrecht, Verfassungsrechtsprechung und pluralistische Demokratie

Das Bundesverfassungsgericht hat dies im „Maastricht-Urteil" zur europäischen Integration allerdings ganz anders gesehen. Anlässlich des Streits um „Souveränität"[88] und demokratische Legitimation wies es zwar die Verfassungsbeschwerde gegen den Maastricht-Vertrag zurück. Im Hinblick auf den „Integrationsprozess" aber wurde die Existenz eines europäischen „Staatsvolks" trotz der sog. „Durchgriffswirkung" von Teilen des EG-Rechts verneint:

> „Der Unionsvertrag begründet einen Staatenverbund zur Verwirklichung einer immer engeren Union der – staatlich organisierten – Völker Europas..., keinen sich auf ein europäisches Staatsvolk stützenden Staat"[89].

Das Gericht erkennt daher zwar an, dass die „Unionsbürgerschaft" zwischen den Bürgern der EU ein gemeinsames, besonderes Band begründet:

> „Mit der durch den Vertrag von Maastricht begründeten Unionsbürgerschaft wird zwischen den Staatsangehörigen der Mitgliedstaaten ein auf Dauer angelegtes rechtliches Band geknüpft, das zwar nicht eine der gemeinsamen Zugehörigkeit zu einem Staat vergleichbare Dichte besitzt, dem bestehenden Maß existentieller Gemeinsamkeit jedoch einen rechtlich verbindlichen Ausdruck verleiht..."[90].

Und: „Durch den Unionsvertrag wird eine Unionsbürgerschaft eingeführt, die aus der Staatsangehörigkeit eines Mitgliedsstaates abgeleitet ist..., das Recht der Freizügigkeit vermittelt, ... das aktive und passive Wahlrecht bei Kommunalwahlen im Wohnsitzstaat begründet und auch das Wahlrecht zum Europäischen Parlament nach dem Wohnsitz zuordnet und insoweit von der Staatsangehörigkeit löst"[91].

Aber offensichtlich reicht es nicht aus, um Bürger zu sein – und zwar nicht deshalb, weil mit dem „Maastricht-Vertrag" nur das Wahlrecht zum Europaparla-

---

des Völkerrechts von Einzelmenschen ableiten", setzt sich nun immer stärker durch; Kimminich, Otto: Einführung in das Völkerrecht, 6. Aufl., Tübingen – Basel 1997, S. 199.

88 Vgl. hierzu z. B.: Weiler, Joseph H. H.: Der Staat „über alles". Demos, Telos und die Maastricht-Entscheidung des Bundesverfassungsgerichts; in: JöR, 1996, S. 91 ff.; Lhotta, Roland: Der Staat als Wille und Vorstellung. Die etatistische Renaissance nach Maastricht und ihre Bedeutung für das Verhältnis von Staat und Bundesstaat, in: Der Staat, 1997, S. 189 ff.

89 BVerfGE 89, 155 (Leitsatz Nr. 8).

90 Ebd., 182.

91 Ebd., 159 f.

ment und das kommunale Wahlrecht für EU-Bürger[92], nicht aber das Wahlrecht zum jeweiligen Landes-/Bundesparlament nach dem Wohnortprinzip eingeführt worden ist. Denn das Gericht interpretiert die Unionsbürgerschaft als einen aus der „Staatsangehörigkeit" der Mitgliedsstaaten bloß abgeleiteten Status, auch wenn es selbst schon von der „Loslösung" der Staatsangehörigkeit spricht. Und kündigt sich hier im Begriff der „existentiellen Gemeinsamkeit" die existenzialisch aufgeladene Verfassungslehre von Schmitt schon „verräterisch" an[93], so wird es in seinem Urteil an anderer Stelle aber noch viel deutlicher. Es muss wohl an „Integration" zu „wirklicher" politischer Einheit mangeln, die das Gericht dann auch prompt ganz explizit im Rückgriff auf die Begrifflichkeit der „Homogenität des Volkes" definieren lässt:

> „Vermitteln die Staatsvölker – wie gegenwärtig – über die nationalen Parlamente demokratische Legitimation, sind mithin der Ausdehnung der Aufgaben und Befugnisse der Europäischen Gemeinschaften vom demokratischen Prinzip her Grenzen gesetzt. Jedes der Staatsvölker ist Ausgangspunkt für eine auf es selbst bezogene Staatsgewalt. Die Staaten bedürfen hinreichend bedeutsamer eigener Aufgabenfelder, auf denen sich das jeweilige Staatsvolk in einem von ihm legitimierten und gesteuerten Prozeß politischer Willensbildung entfalten und artikulieren kann, um so dem, was es – relativ homogen – geistig, sozial und politisch verbindet (vgl. hierzu H. Heller, Politische Demokratie und soziale Homogenität, Gesammelte Schriften, 2. Band, 1971, S. 421 [427 ff.]), rechtlichen Ausdruck zu geben"[94].

Unnötig zu sagen, dass dies im Original „echter" Carl Schmitt ist, denn der Sozialdemokrat Hermann Heller hat bei aller Kontroverse und Differenz zumindest die theoretische Annahme von politischer Einheit und Souveränität mit ihm[95] ge-

---

92 Hierfür wurde das Grundgesetz mit Art. 28 I Satz 3 geändert.
93 Nämlich die Verfassung als „Entscheidung" der „politischen Einheit" („Volk") über die Form seiner besonderen „Existenz"; vgl. Schmitt: Verfassungslehre, aaO, S. 21 i. V. m. S. 205.
94 BVerfGE 89, 155, 186.
95 Vgl. die richtige Interpretation bei Pernice, Ingolf: Carl Schmitt, Rudolf Smend und die europäische Integration; in: AöR, 1995, S. 103 ff.; Pernice sieht überdies den Homogenitätsbegriff bei Heller sogar anders definiert als bei Schmitt, rekurriert aber dann nicht auf die Staatstheorie Kelsens, sondern merkwürdiger Weise gerade auf die Integrationslehre von Smend; zuvor schon vgl. Zuleeg, Manfred: Die Verfassung der Europäischen Gemeinschaft in der Rechtsprechung des Europäischen Gerichtshofs, in: Betriebs-Berater 1994, S. 581 ff.; zu den Schmittschen Argumentationsmustern des Urteils vgl. auch Grawert, Rolf: Deutsche und Ausländer: Das Staatsangehörigkeits-, Ausländer- und Asylrecht in der Rechtsprechung des Bundesverfassungsgerichts; in: Badura/Dreier: FS 50 Jahre Bundesverfassungsgericht, Bd. 2, Tübingen 2001, S. 326.

meinsam[96]. So lesen wir bei Schmitt in eindeutig antipluralistischer Diktion zu den Begriffen „Staat" „Volk" und „Demokratie":

„Staat ist ein bestimmter Status eines Volkes, und zwar der Status politischer Einheit"[97].

„Ist in der politischen Wirklichkeit die nationale Homogenität nicht vorhanden… so ergeben sich verschiedene Möglichkeiten. Zunächst der Versuch des friedlichen Ausgleichs, das bedeutet aber in Wahrheit entweder friedliche Auseinandersetzung und Trennung oder allmähliche, friedliche Assimilierung an die herrschende Nation… Die andere Methode ist schneller und gewaltsamer: Beseitigung des fremden Bestandteils durch Unterdrückung, Aussiedlung der heterogenen Bevölkerung und ähnliche radikale Mittel"[98].

Denn: „Jede wirkliche Demokratie beruht darauf, daß nicht nur Gleiches gleich, sondern, mit unvermeidlicher Konsequenz, das Nichtgleiche nicht gleich behandelt wird. Zur Demokratie gehört also notwendig erstens Homogenität und zweitens – nötigenfalls – die Ausscheidung oder Vernichtung des Heterogenen"[99].

Noch 1990, also sogar vor der Einführung des kommunalen Wahlrechts für EU-Bürger durch Verfassungsänderung, bewegte sich das Bundesverfassungsgericht jedoch zumindest im Ansatz in einer ganz anderen, nämlich viel moderneren Spur. In seinem Urteil[100] zur Frage der Verfassungsmäßigkeit der Einführung eines kommunalen Ausländerwahlrechts in Schleswig-Holstein und Hamburg konnte

---

96 Auch Heller lehnte die liberal-pluralistische, positivistische Staatstheorie Kelsens als „ausgeblasene Eier reiner Rechtsformen" ab; vgl. Heller, Herman: Die Krisis der Staatslehre; in: ArchSuS 1926, S. 289 ff.; vgl. außerdem Heller: Staatslehre, 6. Aufl., Tübingen 1983; grundsätzlich einführend zu Heller vgl. Schluchter, Wolfgang: Entscheidung für den sozialen Rechtsstaat. Hermann Heller und die staatstheoretische Diskussion in der Weimarer Republik, 2. Aufl., Baden-Baden 1983 ; speziell auch: Pasquino, Pasquale: Politische Einheit, Demokratie und Pluralismus. Bemerkungen zu Carl Schmitt, Hernman Heller und Ernst Fraenkel; in: Müller, Christoph/Staff, Ilse (Hrsg.): Staatslehre in der Weimarer Republik. Hermann Heller zu ehren, Frankfurt a. M. 1985, S. 114 ff.
97 Schmitt: Verfassungslehre, S. 205; auch S. 21: „… der Staat, d. h. die politische Einheit des Volkes…".
98 Ebd., S. 231 f.
99 Schmitt: Die geistesgeschichtliche Lage des heutigen Parlamentarismus, aaO, S. 13 f.
100 Vgl. m. w. N.: Menzel, Jörg: BVerfGE 83, 37/60 – Ausländerwahlrecht, Staatsvolk, Wahlvolk und die Grenzen der Ausländerpartizipation im örtlichen Bereich; in: Menzel (Hrsg.): Verfassungsrechtsprechung. Hundert Entscheidungen des Bundesverfassungsgerichts in Retrospektive, Tübingen 2000, S. 443; Isensee, Josef/Schmidt-Jortzig, Edzard (Hrsg.): Das Ausländerwahlrecht vor dem Bundesverfassungsgericht. Dokumentation der Verfahren, Heidelberg 1993.

es sich zwar zur Auffassung einer normativen „Staatstheorie" nicht direkt durchringen, gestand ihr jedoch immerhin ganz erhebliche demokratietheoretische Plausibilität zu. Implizit auf Kelsen rekurrierend heißt es[101]:

> „Es trifft nicht zu, daß wegen der erheblichen Zunahme des Anteils der Ausländer an der Gesamtbevölkerung des Bundesgebietes der verfassungsrechtliche Begriff des Volkes einen Bedeutungswandel erfahren habe. Hinter dieser Auffassung steht ersichtlich die Vorstellung, es entspreche der demokratischen Idee, insbesondere dem in ihr enthaltenen Freiheitsgedanken, eine Kongruenz zwischen den Inhabern demokratischer politischer Rechte und den dauerhaft einer bestimmten staatlichen Herrschaft Unterworfenen herzustellen. Das ist im Ausgangspunkt zutreffend, kann jedoch nicht zu einer Auflösung des Junktims zwischen der Eigenschaft als Deutscher und der Zugehörigkeit zum Staatsvolk als dem Inhaber der Staatsgewalt führen. Ein solcher Weg ist durch das Grundgesetz versperrt"[102].

Bezug nehmend auf Art. 20 II Satz 1 GG („Alle Staatsgewalt geht vom Volke aus") und Art. 116 GG („Deutscher im Sinne des Grundgesetzes") betrachtete das Gericht die Einführung eines kommunalen Ausländerwahlrechts durch bloßes Landesgesetz dann doch als verfassungswidrig. Es zeigte aber gleichzeitig den Weg auf, wie der (einfache) Bundesgesetzgeber durch die „Hintertür" den tradierten Begriff des „deutschen Volkes" auch ohne Änderung der Verfassung im Sinne des Kelsenschen Verständnisses transzendieren könnte:

> „Es bleibt unter diesen Umständen nach geltendem Verfassungsrecht nur die Möglichkeit, auf eine derartige Lage mit entsprechenden staatsangehörigkeitsrechtlichen Regelungen zu reagieren, etwa dadurch, daß denjenigen Ausländern, die sich auf Dauer in der Bundesrepublik Deutschland niedergelassen haben, sich hier rechtens aufhalten und deutscher Staatsgewalt mithin in einer dem Deutschen vergleichbaren Weise unterworfen sind, der Erwerb der deutschen Staatsangehörigkeit erleichtert wird"[103].

Damit hält die geltende Verfassungsordnung zwar auch nach Meinung des Gerichts genügend Spielraum für eine „moderne" Auffassung vom Bürger bereit. Gleichwohl: Anstatt bei der Auslegung Art. 20 II Satz 1 und Art. 38 I GG den „direkten Weg" zu gehen – der Wortlaut spricht ja hier nur von „Volk", nicht aber

---

101 Das Gericht erkennt auch mit dem folgenden Zitat, dass diese Demokratietheorie vor allem über den Begriff der Freiheit und nicht der Gleichheit argumentiert; vgl. Kelsen: Vom Wesen und Wert der Demokratie, aaO, ausführlich van Ooyen: Der Staat der Moderne, aaO, S. 89 ff.
102 BVerfGE 83, 37 (52); vgl. mit a. A. auch Grawert, aaO, S. 327.
103 Ebd.

vom „*deutschen*" Volk[104], bzw. von „allgemeiner Wahl" – folgt man dem „Umweg",
der über eine Novellierung des geltenden Staatsangehörigkeitsrecht führt. Daher
blitzt der richtige Gedanke, dass Bürger eines „Staats", mithin zum „Staatsvolk"
zugehörig ist, wer dauerhaft einer Herrschaft unterworfen ist, beim Verfassungsgericht nur kurz auf. Demgegenüber akzentuiert man dann wieder das tradierte
Auslegungsmuster von „Integration" und „politischer Einheit", wonach ein nicht
auflösbarer Zusammenhang „zwischen der Eigenschaft als Deutscher und der Zu-
gehörigkeit zum Staatsvolk als dem Inhaber der Staatsgewalt" bestehe. D. h.: Erst
muss der „Ausländer" zum „Deutschen" gemacht, also in die politische Einheit
des „deutsches Staatsvolks" „integriert" werden, bevor ihm über diesen „Umweg"
das Wahlrecht zufallen kann. Auch wenn das Gericht die Hürden hierfür seinerzeit nicht hoch legte – es genügt ja eine Änderung des Staatsangehörigkeitsrechts
als eines einfachen Bundesgesetzes – so ist aus verfassungstheoretischer Sicht dieser Rückgriff völlig überflüssig und wenig überzeugend. Denn, wenn in der Tradition von Cicero, Kant und Kelsen, also in der Sichtweise der normativen Staatstheorie, der politische Status des Bürgers durch die Rechtsgemeinschaft begründet
wird, dann ist im Falle demokratischer und nicht autokratischer Ordnung – in einer alten Diktion – die gemeinsame Teilhabe an der Verfassung[105] hiervon demokratischer Reflex. Oder in der moderneren Variante der Massendemokratie:
der Normunterworfenheit entspricht im demokratischen Sinne das Wahlrecht.
Muss man infolge – nicht bloß vorübergehenden – Aufenthalts die Gesetze eines
Landes befolgen, dann ist man also Bürger/Bürgerin des Landes. Und soll dieses
Land demokratisch verfasst sein, muss ein jeder, der der Herrschaft unterworfen
ist, auf die Gestaltung der Herrschaft, d. h. der Gesetze, durch Wahl des Parla-
ments Einfluss haben. Dies gilt insbesondere, wenn man wie in der repräsenta-
tiven Demokratie der Bundesrepublik den Bundestag (bzw. auf Landesebene die
Landtage) zu Recht – und im übrigen nach ständiger Rechtsprechung des Verfassungsgerichts[106] – nach wie vor als den zentralen Ort des politischen Entscheidungsprozesses begreift. Und da Parteien für die politische Willensbildung in der
pluralistischen Massendemokratie unverzichtbar sind, erforderte dies außer einer

---

104 Vgl. auch mit pluralismustheoretischer Akzentuierung Morlok, Martin: Demokratie und
    Wahlen; in: Badura/Dreier: FS Bundesverfassungsgericht, Bd. 2, aaO, S. 577 f. Selbst die sys-
    tematische Auslegung i. V. m. Art. 116 GG steht dem im übrigen gar nicht zwingend entge-
    gen; aus dem dort verankerten Begriff folgt ja nicht, dass der Begriff des „Deutschen" mit
    dem Begriff des „Volkes" in Art. 20 GG deckungsgleich sein muss. Er kann auch als bloßer
    Mindeststandard in der Weise verstanden werden, dass jeder unter Art. 116 zu subsumieren-
    de „Deutsche" Teil des „Volkes" nach Art. 20 GG ist. Das schließt umgekehrt so gesehen eben
    nicht aus, dass unter den Begriff des „Volkes" nicht auch „Nicht-Deutsche" subsumiert wer-
    den können.
105 Vgl. Aristoteles: Politik, Stuttgart 1998 (Reclam), Drittes Buch, S. 154 ff. (1274b–1276b).
106 Vgl. hierzu die Rechtsprechung zur sog. „Wesentlichkeitstheorie".

Änderung der mit dem Wahlrecht verbundenen Regelungen[107] auch eine hiermit einhergehende des Parteiengesetzes, das bisher „Ausländerparteien" als Parteien im juristischen Sinne ausschließt[108].

Die Geschichte bisheriger Emanzipationen von Wahlrechtsbeschränkungen seit dem 19. Jahrhundert zeigt im übrigen gar nichts anderes: Die Abschaffung des an den Besitz und das Steueraufkommen gekoppelten diskriminierenden Zensuswahlrechts zugunsten eines „allgemeinen" Wahlrechts der Männer setzte nicht voraus, dass die „Armen" nun in die „Gemeinschaft" der besitzenden „Reichen" „integriert" werden mussten. Oder, um es durch eine Steigerung ins Absurde zu verdeutlichen: Keiner käme angesichts der Verschiedenheit der Geschlechter auf die Idee, mit der Abschaffung der Diskriminierung der Frauen infolge des Ausschlusses vom Wahlrecht[109] die Frauen in die „politische Einheit" der Männer „integrieren" zu wollen. Wieso sollte man daher insofern einen „Ausländer" in die „politische Einheit" „Staatsvolk" „integrieren"? Wenn man als Bedingung für das Wahlrecht aus „Armen" nicht „Reiche", aus „Frauen" nicht „Männer" machen muss, dann eben auch nicht aus „Ausländern" „Deutsche". Polische Emanzipation heißt in diesem Kontext gleiches Wahlrecht für alle gerade wegen der Verschiedenheit und Vielheit der Gruppen. Es ist die Bedingung sine qua non für ein pluralistisches Verständnis von Demokratie. So gesehen hat also der politische Status des Bürgers in einer Demokratie nichts mit dem – antipluralistischen – Begriff der „Staatsvolks" zu tun. Über dessen etatistische Funktion urteilt auch Agamben zu Recht:

„Dass es sich im übrigen (beim Begriff des Volkes, RvO) um ein Imaginäres handelt, müsste allen klar geworden sein, heute, da der Begriff des Volkes längst jede substantielle Realität verloren hat. Angenommen, dieser Begriff hatte jemals einen wirklichen Gehalt…, so wurde er durch eben jenen Staat jeglichen Sinns entleert, der sich als sein Hüter und sein Ausdruck präsentierte: Ein jedes Volk ist heute, ungeachtet des Geschwätzes der Wohlmeinenden, nur die leere Stütze der staatlichen Identität und wird einzig als solche anerkannt. Wer daran etwa noch Zweifel hegen sollte, für den ist ein

---

107 Ob eine Verfassungsänderung hierfür wirklich notwendig wäre, ist gar nicht so zwingend. Außer der oben aufgezeigten Offenheit in der systematischen Auslegung von Art. 20 i. V. m. Art. 116 GG ist in Art. 38 GG nur vom Grundsatz der „allgemeinen" und „gleichen" Wahl die Rede; hierunter ist das Wahlrecht auch für die „ausländische" Bevölkerung ohne weiteres subsumierbar, vom Wortlaut sogar viel näher liegend. Im Gegenteil, es ist ja vielmehr umgekehrt der Ausschluss der „Ausländer" vom Grundsatz der allgemeinen Wahl besonders begründungsbedürftig.

108 § 2 Abs. 3 PartG: „Politische Vereinigungen sind keine Parteien, wenn… ihre Mitglieder oder die Mitglieder ihres Vorstandes in der Mehrheit Ausländer sind".

109 In Deutschland mit Art. 22 Weimarer Reichsverfassung, der die Wahlberechtigung der Frauen noch explizit nannte.

kurzer Blick auf das, was um uns herum geschieht, lehrreich: Wenn die Mächtigen der Erde sich in Waffen setzen, um einen Staat ohne Volk (Kuwait) zu verteidigen, dann können die Völker ohne Staat (Kurden, Armenier, Palästinenser, Basken, die Juden der Diaspora) ungestraft unterdrückt und ausgerottet werden, damit ja auch klar wird, dass die Bestimmung eines Volkes nur eine staatliche Identität sein kann und dass der Begriff Volk lediglich dann einen Sinn hat, wenn er rechtlich in dem der Staatsangehörigkeit kodifiziert ist"[110].

In Bezug auf die in Deutschland seit Jahren lebenden „Ausländer" folgt hieraus, dass da auch nichts mehr „integriert" werden muss. Soweit man der hier vorgeschlagenen Interpretation folgt, die den Begriff des Bürgers mit Hilfe der normativen Staatstheorie bestimmt, muss demgegenüber deren Ausschluss vom Wahlrecht vielmehr genau als das bezeichnet werden, was es ist: nämlich nicht Ausdruck des Mangels an „Integration", der erst durch den „integrierenden" Akt des Erwerbs der Staatsangehörigkeit abgestellt werden kann, sondern ganz einfach ein typischer Fall von Diskriminierung – in der Qualität nämlich gar nichts anderes als die früheren Diskriminierungen etwa von Juden, Armen, Schwarzen und Frauen, die heute für völlig illegitim und illegal gehalten werden. Es ist daher äußerst befremdlich und rätselhaft, dass diese zentrale, einfache „Lektion" aus der Geschichte offenbar gar nicht hinreichend begriffen worden ist. Denn, bei aller Vorsicht zu vorschnellen Analogien gerade in dieser Hinsicht, so „selbstverständlich" wie man etwa früher Juden von bestimmten Bürgerrechten ausschloss, so nun die dauerhaft in Deutschland lebenden Ausländer.

Die Diskriminierung erstreckt sich dabei ja nicht nur wie beim Wahlrecht auf den „staatlichen" Bereich. In einer typischen Weise – es sei an die anhaltende Diskussion um „Frauenquoten" erinnert – ist Diskriminierung bei nahezu allen gesellschaftlichen Entscheidungsträgern zu finden, selbst bei denen, die „Solidarität" auf ihre „Fahne" geschrieben haben. So beklagen sich „ausländische" Arbeitnehmer über mangelnde Vertretung – und folglich fehlende Interessenwahrnehmung – auch bei den Entscheidungsorganen von Gewerkschaften[111]. Und in der Kommission, die eigens von der „rot-grünen" Bundesregierung gerade für die Themen „Zuwanderung" und „Integration" eingesetzt wurde, war mit Verbandsfunktionären, Fachleuten usw. so ziemlich alles vertreten – nur eben kein zugewanderter „Ausländer". Erst in letzter Minute – alle Plätze bis auf einen waren in der Kommission bereits schon verteilt – realisierte man diese Peinlichkeit, die das Konzept von „Integration" ohne die zu „Integrierenden" zu formulieren drohte, und nominierte

---

110 Agamben, Giorgio: Mittel ohne Zweck. Noten zur Politik, Freiburg – Berlin 2001, S. 68f.
111 Etwa aktuell bei Verdi, dessen Bundesvorstand fest in „deutscher" Hand ist, obwohl die Gruppe der Verdi-Mitglieder mit Migrationshintergrund rund 10 % ausmacht.

für den noch freien Platz: polemisch formuliert den „Alibi-Türken"[112]. Insoweit scheint gerade dieser Vorgang nahezu „paradigmatisch": je lauter man hier nach „Integration" ruft, desto weniger ist man offensichtlich bereit, den „Ausländern" in konkreten Entscheidungsprozessen" den selben Status von Recht und Macht zuzubilligen. Die geschichtliche Erfahrung zeigt wiederum, dass der seinerzeit geforderte und von vielen Juden vollzogene religiöse „Integrationsschritt" – nämlich der Übertritt zum christlichen Glauben – sie auch keinesfalls aus dem Status des Bürgers zweiter Klasse befreite. Es wurde weiter diskriminiert, weil man letztendlich das frühere „Judesein" durch „Integration" eben gar nicht loswerden konnte[113]. Insoweit man Carl Schmitts Diktum in Anlehnung an Bakunin und Kelsen[114] folgt, dass alle „prägnanten Begriffe der modernen Staatslehre… säkulare theologische Begriffe (sind)"[115], insoweit verhält es sich analog bei den in Deutschland lebenden „Ausländern" und ihrem „weltlichen" Pedant der „Integration", nämlich dem Erwerb der deutschen unter Aufgabe der bisherigen Staatsangehörigkeit. Wer dem „Volk" ein wenig „aufs Maul schaut", kann das viel klarer erkennen als in dem zitierten Europa-Urteil des Verfassungsgerichts, das dies hinter pseudojuristischer Begrifflichkeit von „geistiger", „sozialer" und „politischer Homogenität" des „Volkes" camoufliert[116]. Denn für viele „Deutsche" ist selbst ein durch den Erwerb der Staatsangehörigkeit „integrierter" früherer „Ausländer" eben gar kein „echter Deutscher"; er bleibt vielmehr entweder immer „Franzose", „Türke", „Afrikaner" usw. – so wie ein zum Christentum konvertierter Jude eben nicht wirklich

---

112 Denn die Mitglieder unter der Vorsitzenden Rita Süssmuth waren: Hans-Jochen Vogel, Horst Eylmann, Ralf Füchs (Heinrich-Böll-Stiftg.), Kay Hailbronner (Rechtswissenschaftler), Hans-Olaf Henkel (Leibniz-Gesellschaft), Hajo Hoffmann (OB Saarbrücken), Roland Issen (DAG), Christoph Kannengießer (BfA), Karl Ludwig Kohlwage (EKD), Gerd Landsberg (Städte- und Gemeindebund), Rainer Münz (Bevölkerungswissenschaftler), Frank Niethammer (IHT), Heinz Putzhammer (DGB), Roland Schilling (UNHCR), Cornelia Schmalz-Jacobsen, Jürgen Schmude, Herbert Schnoor, Paul Spiegel, Josef Voß (Dt. Bischofskonferenz) und, eben diesen letzten Platz besetzend, der deutsch-türkische Reiseunternehmer Vural Öger; vgl. Bericht der Unabhängigen Kommission „Zuwanderung".
113 Auch nicht durch Heirat mit „Nichtjuden", noch nicht einmal über Generationen. So fürchtete man zur Zeit der NS-Diktatur auf deutscher Seite, in irgendeiner Familienlinie „jüdisch versippt" zu sein.
114 Vgl. Bakunin, Michail: Gott und der Staat, Neuauflage, Grafenau 1998; zu Kelsen vgl. z. B. Gott und Staat, in: Kelsen: Staat und Naturrecht. Aufsätze zur Ideologiekritik, 2. Aufl., München 1989.
115 Schmitt: Politische Theologie. Vier Kapitel zur Lehre von der Souveränität. 7. Aufl., Berlin 1996, S. 43.
116 So auch an dieser Stelle ähnlich die Bewertung bei Grawert: „… wird das Gericht es angesichts der… Bevölkerungsvielfalt schwer haben, Niveau und Intensität der ‚Homogenität' so zu bestimmen, daß der Begriff nicht zur rhetorischen Floskel oder zum Gefäß einer Staatsideologie oder zum metarechtlichen Maßstab für Ein- und Ausgrenzungen degradiert wird"; aaO, S. 329.

„Christ" wurde[117] – oder aber nur solange „Deutscher", solange es die „politische
Einheit" es ihm „großzügig" gewährt. Daher noch einmal: Aus den herausgestell-
ten geschichtlichen und verfassungstheoretischen Implikationen der Integrationslehre Smends als einem antipluralistischen und fremdenfeindlichen Konzept ver-
bietet sich vielmehr jede Form von „Integration" in die wie auch immer definierte
„politische Einheit". Denn nur bei Gleichberechtigung ohne Bedingung kann überhaupt die Akzeptanz des „Anderen", also der Vielheit entstehen[118]. Will man der
Tendenz von „Parallelgesellschaften" entgegenwirken, dann eben nur durch demokratische Partizipation, d. h. indem man den hier dauerhaft lebenden „Ausländern"
ohne Loyalitätsvorleistung die Wahrnehmung ihrer Interessen unter chancenglei-
chen Bedingungen der Artikulation und Beteiligung am politischen Prozess er-
möglicht. Denn „integriert" werden muss immer nur der im politischen Prozess
Diskriminierte, nämlich der, der so schon ausgegrenzt worden ist. Wer aber gleiche politische Rechte hat, wird seine Interessen im politischen Prozess auch durch-
setzen. Oder schief formuliert: er braucht gar nicht „integriert" zu werden – er
ist es dann schon längst. Nichts anderes hat die amerikanische Gesellschaft bei
der von „Rassenunruhen" begleiteten Emanzipation der schwarzen Minderheit in
den 60er Jahren „schmerzhaft" lernen müssen. Hätte man sich hier viel früher
von Konzepten der politischen „Gemeinschaft" verabschiedet und die „Schwarzen"
als Bürger im politischen Sinne behandelt, wäre der amerikanischen Gesellschaft
wohl auch das Gegenkonzept von „politischer Einheit" erspart geblieben, wie es
sich im „schwarzen Rassismus" der „Black Panther-Bewegung" und eines „Mal-
colm X" niederschlug – zornige „Jung-Männer-Bewegungen", wie sie sich, wenngleich in noch milderer Form auch in so manchem „Ausländerviertel" deutscher
Städte in den Spielarten von „Re-Islamisierung" und Chauvinismus schon heute
beobachten lassen.

---

117 Es sei z. B. erinnert an „… die in Spanien praktizierte Ausstellung von ‚Reinheits'zertifikaten
(limpieza) an die Inhaber rein christlicher Stammbäume und die Unterscheidung zwischen
Halb-, Viertel- oder Achtelbekehrten usw." – Jahrhunderte vor den „Nürnberger Gesetzen";
Hilberg, Raul: Die Vernichtung der europäischen Juden, Bd. 1, Frankfurt a. M. 1990, S. 12 f.

118 Dies gilt im übrigen für die völlig schiefe Diskussion um die „Integration" von Behinderten
ebenso wie für die um die Herstellung der „Einheit" in Deutschland; vgl. z. B. Dahesch, Keyvan: In Deutschland ist es immer noch nicht normal, verschieden zu sein. Zur Situation von
Menschen mit Behinderungen; in: FR vom 29. 11. 2000; Veen, Hans-Joachim: Einheit, Einheit
über alles. Das Gerede vom nötigen Zusammenwachsen Ost- und Westdeutschlands führt in
die Irre; in: Die Zeit 24/2001.

Teil III:
Rezensionen

Reinhard Mehring (Hrsg.): „Auf der gefahrenvollen Straße des öffentlichen Rechts".
Briefwechsel Carl Schmitt – Rudolf Smend 1921–1961. Mit ergänzenden Materialien, Berlin 2010

Mit dem neuerlichen Interesse an Carl Schmitt als politischem Denker steigt auch jenes an persönlichen Details. Mehring, Autor der aktuellen Biografie (Carl Schmitt. Aufstieg und Fall, München 2009), hat auch für den vorliegenden Briefwechsel wieder sorgsam in den Nachlässen recherchiert. Herausgekommen ist eine mit ergänzenden Materialen angereicherte Edition (u. a. bisher unveröffentlichte Schmitt-Gutachten, aber auch das von Smend zur Promotion von Wilhelm Hennis sowie kleinere Artikel und ein Bildteil), die für jeden von Interesse ist, der sich näher mit den politischen Kontroversen der „großen Vier" im sogenannten Richtungsstreit der Staats- und Verfassungslehre beschäftigt. Aus internationaler Sicht ist die Bedeutung von Smend zu relativieren: Wie Hermann Heller – und im Unterschied zu Kelsen und Schmitt – blieb er in seiner Rezeption primär auf Deutschland beschränkt. Hier aber ist der Einfluss seiner anpassungsfähigen „Integrationslehre", die zeitweise nahezu zur offiziellen Staatsdoktrin der Bundesrepublik avancierte, bis heute kaum zu überschätzen. Insofern lässt sich die Edition nicht nur aus der Perspektive von Schmitt lesen, zumal noch gar keine Korrespondenzen von Smend veröffentlicht wurden. Bei der Lektüre helfen Mehrings ausführliche Erläuterungen in den Fußnoten zum Kontext und zu den heute zum Teil vergessenen sonstigen Akteuren, die einzelnen Briefe rasch zu verorten, die bis zum endgültigen Abbruch durch Schmitt (1961) eine Zeitspanne von 40 Jahren umfassen. Wer sich die ideologischen Grabenkämpfe um die Deutungshoheit zwischen der Schmitt- und der Smend-Schule nach 1945 vor Augen führt, mag darüber vergessen haben, wie nahe, inhaltlich und auch persönlich, sich beide in Weimar einst standen: „Keinen anderen hat Schmitt menschlich und fachlich so geschätzt" (8). Und es ist Smend, der ihn bei seinen ersten Berufungen in Greifswald und Bonn protegiert, Jahrzehnte später aber „eine Mappe… ‚Problem Carl Schmitt'" führt (149), um die Schmitt-Festschrift publizistisch zu bekämpfen. Neben diesem Einblick in Wissenschaft als „Intrigantenstadel" ergibt sich beim Stöbern manch weiteres Detail: z. B. die von Schmitt zu Recht wahrgenommene Übereinstimmung zwischen dem von ihm bekämpften, englischen Anti-Souveränitäts- und Pluralismustheoretiker Harold Laski und seinem Wiener Antipoden Kelsen.

Thomas Notthoff: Der Staat als „geistige Wirklichkeit". Der philosophisch-anthro-
pologische Aspekt des Verfassungsdenkens Rudolf Smends, Berlin 2008

Die Auseinandersetzung mit den „Großen Vier" der Weimarer/Wiener Staatslehre (Kelsen, Schmitt, Smend, Heller) reißt nicht ab. Notthoff kritisiert die Dominanz der funktionalistisch-institutionstheoretischen Rezeptionsweise Smends.
Diese habe „keinen Sinn für das Aufspüren der dem historischen Kontext des
Smend'schen Staats- und Verfassungsverständnisses zugehörigen Welt- und Men-
schenbildern und bleibt somit in der Nähe des politologischen Technizismus und
Begriffsrealismus" (52). Vor diesem Hintergrund rekonstruiert er zunächst werks-
chronologisch die Integrationslehre, um dann im „Amtsgedanken" u. a. bei Hennis, Köttgen, Scheuner, Landshut und auch Böckenförde „Fortführungen" der
Smend'schen Lehre aufzuzeigen. Schließlich wird diese in der Politikwissenschaft
verortet, insbesondere anhand der Auseinandersetzung Smends mit Weber, aber
auch mit Kelsen. Insofern ist das Werk Smends – und dem ist zuzustimmen –
im kulturkritischen Kontext eines paradigmatischen Kampfes um die Moderne
in der Zwischenkriegszeit zu begreifen. Notthoff trägt daher hier zu einem ver-
tieften Verständnis von Smend bei. Gleichwohl muss die vom Autor beabsichtigte
„platonische", normative „Revitalisierung" gerade mit Blick auf die im deutschen
Staatsdenken vorherrschenden Traditionsbestände („Gemeinschaft"; substanzia-
listischer Staatsbegriff, „Souveränität" usw.) kritisch betrachtet werden. Auch die
These Notthoffs, Smend ein streng-demokratisches Verständnis zu unterlegen,
wird in der Forschung wohl weiter strittig bleiben – nicht zuletzt wegen der zahlreichen antipluralistischen Ambivalenzen der bis heute wirkmächtigen Integrationslehre, die Smend in Weimar auch in die Nähe faschistischer Konzepte rückte.
Trotzdem: Notthoffs Arbeit ragt über das übliche Maß von Qualifikationsschrif-
ten heraus.

Ernest Müller: Die Integration von Einwohnern bei Gemeindezusammenschlüssen
im Land Brandenburg. Ein Beitrag aus der Sicht der Integrationslehre von Rudolf
Smend, Berlin 2006

Müller kombiniert eine empirische Untersuchung (Befragung von Ortsvorstehern
und Ortsbürgermeistern) über die mangelnde Akzeptanz der Zusammenschlüsse
brandenburgischer Kleingemeinden infolge der kommunalen Neugliederung der
90er-Jahre mit dem staatstheoretischen Ansatz der Integrationslehre. Das ist ori-
ginell und insoweit richtig, weil in fast allen aktuellen politischen und auch politikwissenschaftlichen Diskursen über „Integration" dieser Zusammenhang mit
der Lehre Smends (Verfassung und Verfassungsrecht, 1928) überhaupt nicht zur

Kenntnis genommen wird. So steht nach einer Einführung zur kommunalen Entwicklung seit 1990 die Integrationslehre im „Mittelpunkt der Arbeit" (5); sie wird
mit ihren drei grundsätzlichen Typen der persönlichen, funktionellen und sachlichen Integration dargestellt und schließlich für die Anwendung auf die kommunale Ebene aufbereitet. Kritisch bleibt anzumerken, dass eine Auseinandersetzung
mit Smends Theorie, insbesondere hinsichtlich ihrer demokratie- und pluralis-
musfeindlichen Implikationen von „Gemeinschaft" auf der Basis des politik- und
rechtswissenschaftlichen Forschungsstands so gut wie gar nicht erfolgt. Selbst die
klassische Fundamentalkritik Kelsens (Der Staat als Integration, 1930) wird lediglich beiläufig, in bloß mittelbarer Zitation erwähnt.

Sigrid Boysen: Gleichheit im Bundesstaat, Tübingen 2005

Es handelt sich um eine aus Sicht der juristischen Staatslehre geführte kritische
Analyse des Verfassungsprinzips „Bundesstaat". Mit Blick auf die föderale Kompe-
tenzverteilung und den Grundrechtsschutz des Bürgers ist die zentrale Frage, wie
viel „Einheit… der Bundesstaat verlangt bzw. wie viel Vielheit er gebietet" (1). Aus
politikwissenschaftlicher Sicht interessiert zweierlei: Boysen diskutiert in der Spur
der Arbeit von Oeter (Integration und Subsidiarität im deutschen Bundesstaats-
recht: Untersuchungen zur Bundesstaatstheorie unter dem Grundgesetz, Tübingen 1998) die verfassungstheoretischen Vorverständnisse, die den dominierenden
staatsrechtlichen Auffassungen in Lehre und verfassungsgerichtlicher Spruchpra-
xis zugrunde liegen (insbesondere: „Bundestreue" der Integrationslehre von Rudolf Smend; „unitarischer Bundesstaat" bei Konrad Hesse, föderal- und sozial-
staatliche Auslegung des grundrechtlichen Gleichheitssatzes). Darüber hinaus
zeigt sich, dass die aktuell geführte kontroverse Debatte über die Gestaltung und
Reformfähigkeit des Föderalismus nun zu einem radikalen Paradigmenwechsel
des Bundesstaatsprinzips auch in der Staatslehre zu führen scheint. Denn Boysen
kommt u. a. zu dem Ergebnis, dass sich die bisherige „Verfassungspraxis des unitarischen Bundesstaats" weniger aus dem Grundgesetz als vielmehr aus einer „tiefen
Verwurzelung föderalistischer Ressentiments in der Verfassungsgeschichte" ergibt
(311). Dies habe zu einer völligen Schieflage des Föderalismus geführt: Hierbei sei
die von der „Einheit" abweichende Regelung als Ausnahme begründungsbedürftig, obwohl das Prinzip des Föderalismus es genau umgekehrt verlange, weil es mit
der „Vielheit" die Ungleichheit voraussetze.

Thomas Henne/Arne Riedlinger (Hrsg.): Das Lüth-Urteil aus (rechts-)historischer
Sicht. Die Konflikte um Veit Harlan und die Grundrechtsjudikatur des Bundesverfassungsgerichts, Berlin 2005.

Mit Blick auf das BVerfG erweist sich der von den beiden (Rechts-)Historikern
Thomas Henne und Arne Riedlinger herausgegebene, aus einer Tagung im Rahmen des MPI für Europäische Rechtsgeschichte in Frankfurt hervorgegangene
Band zur berühmten „Lüth-Entscheidung" (1958) als ein mustergültiger Anfang
rechts- und zeitgeschichtlicher Erschließung. In den 20 Aufsätzen wird nicht nur
die westdeutsche Nachkriegsgesellschaft und der konkrete Streithintergrund samt
Vorgeschichte um den Boykottaufruf des Hamburger Senatsdirektors Erich Lüth
zu den Filmen von Veit Harlan aufbereitet, der in der NS-Diktatur als Regisseur
für den Film „Jud-Süß" verantwortlich zeichnete. Dabei kommt auch der Politologe Wilhelm Hennis als einer der beim Verfahren direkt Beteiligten zu Wort
(seinerzeit als Jurist und Assistent des mit der Verfassungsbeschwerde betrauten
„Hausjuristen" der SPD, Adolf Arndt). Die wirkmächtige Entscheidung, die den
vom BVerfG eingeschlagenen „Pfad" im Bereich der Grundrechtsrechtsprechung
und „Wertordnungslehre" bis heute maßgeblich geprägt hat, wird darüber hinaus
in den Kontext der Grundrechtsdogmatik und Staatsrechtslehre der 50er Jahre
eingeordnet (Stichwort: „Smend-" vs. „Schmitt-Schule", aber auch Günter Dürig).
Vielleicht noch interessanter sind die seinerzeit hiermit verbundenen machtpolitischen Positionsbestimmungen, die das BVerfG Anfang der 50er Jahre beim Streit
um den „Status" mit der Regierung Adenauer, vor allem aber auch mit dem BGH
als dem „Rivalen" ausgefochten hat, der zudem mit Blick auf die Fortgeltung der
Beamtenverhältnisse nach 1945 nicht zuletzt auch wegen eigener personeller Kon-
tinuitätslinien eher an einer „Schwamm-drüber-Judikatur" interessiert war.
  Zeitgeschichtliche Forschung ist auf einen ungehinderten Aktenzugang angewiesen. Zu Recht beklagen die Herausgeber, dass das BVerfG mit seiner Verwei-
gerung einer vollständigen Akteneinsicht (insb. was die Votumsberatung anbe-
langt) nach fast 50 Jahren nicht nur im krassen Widerspruch zur gängigen Praxis
der generellen Aktenfreigabe nach 30 Jahren stehe, sondern auch zur eigenen
Rechtsprechung hierzu. Bleibt nur zu ergänzen, dass das Gericht sich bisher immer schwer damit getan hat – Stichwort „Sondervoten"[1] – sein politisches Arka-
num preiszugeben.

---

1   Vgl. Hans J. Lietzmann: Kontingenz und Geheimnis – Die Veröffentlichung der Sondervoten
    beim Bundesverfassungsgericht; in: van Ooyen/Möllers: Das Bundesverfassungsgericht im
    politischen System, aaO, S. 269 ff.

Günther, Frieder: Denken vom Staat her. Die bundesdeutsche Staatsrechtslehre
zwischen Dezision und Integration 1949–1970, München 2004

Größere Arbeiten zur bundesdeutschen Staatslehre – zumal aus nichtjuristischer
Hand – sind bisher selten[2]. Dabei ist das Thema über den binnenjuristischen Diskurs hinaus in doppelter Hinsicht von hohem Interesse: Zum einen ist die juristische „Durchformalisierung" der Politik gerade ein typisches Merkmal der deutschen politischen Kultur. Dem juristischen Diskurs – und hier nicht zuletzt dem
in Staatsrechtslehre und Verfassungsgerichtsbarkeit – kommt daher eine weit über
das Fach hinausreichende Bedeutung für das deutsche politische System zu[3]. Dieser hat sich durch die ihm eigene „Verkürzung" des Politischen auf juristische Dog-
matik und Subsumtion im Vergleich zum anglo-amerikanischen Pragmatismus
zudem häufig eher als Belastung erwiesen[4]. Das wäre für sich genommen vielleicht
nicht ganz so dramatisch, wenn nicht noch zweitens hinzukäme, dass die Tradition
der deutschen Staats(rechts)lehre von den wenigen Ausnahmen wie Kelsen, Heller, Thoma, Anschütz, Nawiasky usw. abgesehen schon für die Stabilisierung Weimars als einer liberal-pluralistischen Demokratie eine schlimme Hypothek war.

Vor diesem Hintergrund erhält die von Frieder Günther am Seminar für Zeit-
geschichte der Universität Tübingen angefertigte Dissertation ihre besondere Relevanz; sie schließt eine Lücke historischer Forschung zur „Westernisierung" der
Bundesrepublik. In der Arbeit werden vor allem die Tagungen der Staatsrechtslehrervereinigung, zentrale staatsrechtliche Publikationen und – im Wechselspiel
hiermit durch die Binnenperspektive von Briefen besonders aufschlussreich – die
bereits zugänglichen Nachlässe einzelner Staatsrechtler sowie das Depositum von
Horst Ehmke ausgewertet[5]. Ergänzend führte Günther Interviews mit Staatsrechtlern, die z. T. in die Kontroversen dieser Zeit noch selbst involviert waren bzw. sie
direkt miterlebt haben[6].

---

2 Vgl. aber Hammans, Peter: Das politische Denken der neueren Staatslehre in der Bundesrepublik, Opladen 1987; aus juristischer Sicht von Bülow, Birgit: Die Staatsrechtslehre der
   Nachkriegszeit (1945–1952), Berlin – Baden-Baden 1996; aber auch Schulze-Fielitz, Helmuth:
   Grundsatzkontroversen in der deutschen Staatsrechtslehre nach 50 Jahren Grundgesetz – in
   der Beleuchtung des Handbuch des Staatsrechts; in: Die Verwaltung, 1999, S. 241 ff.
3 Umso bedauerlicher ist es, dass sich die zeitgenössische Politikwissenschaft im Unterschied
   zur Generation von Fraenkel, Friedrich, Loewenstein usw. fast vollständig von diesem For-
   schungsfeld verabschiedet hat.
4 Vgl. z. B. Sontheimer/Bleek: Grundzüge des politischen Systems, 11. Aufl., aaO, S. 188 f.
5 Und zwar die Nachlässe von Wolfgang Abendroth, Martin Drath, Friedrich Giese, Friedrich
   Glum, Hermann Jahrreiß, Walter Jellinek, Herbert Krüger, Gerhard Leibholz, Hermann
   von Mangoldt, Hans Nawiasky, Hans Peters, Carl Schmitt, Roman Schnur, Adolf Schüle.
6 Und zwar mit: Otto Bachof, Ernst-W. Böckenförde, Brun-O. Bryde, Horst Ehmke, Martin
   Forsthoff, Peter Häberle, Peter Lerche, Hans Schneider.

Günther geht der Frage nach, inwieweit die Staatsrechtslehre nach 1949 sich von ihrem etatistischen, antiliberalen und antiparlamentarischen Traditions-bestand – also vom Staatsbegriff als Substanzbegriff in der Folge Hegels – löste und sich für das „westliche" Verständnis von „government", Verfassung und pluralistischer Gesellschaft öffnete. Dabei stehen die einflussreichen „Schulen" um Carl Schmitt und Rudolf Smend bis in die „zweite Generation" hinein im Vordergrund; sie beherrschten den staatsrechtlichen Diskurs der 50er und 60er Jahre. Lebendig wird rekonstruiert, wie Wissenschaft als sozialer Prozess in „Denk- und Handlungskollektiven" funktioniert, wie deren Mitglieder sich in der Formulierung von – bisweilen taktisch bestimmten – wissenschaftlichen Positionen, bei Berufungen an Universitäten, Publikationen und Zeitschriftgründungen (z. B. „Der Staat") netzwerkartig unterstützen und gegen die „anderen" abgrenzen. Günthers Studie formuliert als zentrale These, dass (im Gegensatz etwa zur „neu" gegründeten Politikwissenschaft) sich der radikale Bruch mit dem Traditionsbestand in der Staatsrechtslehre mehrheitlich erst ab Mitte der 60er Jahre vollzogen hat – und zwar vorwiegend als „reaktiver" Anpassungsprozess an einen nicht zu verhindernden gesamtgesellschaftlichen Trend. Dabei spielte nicht nur eine Rolle, dass im Unterschied zu Weimar grundlegende staatstheoretische Kontroversen aufgrund der Dominanz der Rechtsprechung durch das neue Verfassungsgericht zugunsten der Lösung konkreter verfassungsrechtlicher Fragen sukzessive in den Hintergrund gedrängt wurden. Auch dem Generationenwechsel kam erhebliche Bedeutung zu, der die ältere Generation vielleicht mit Ausnahme des „wandlungsfähigen" Ulrich Scheuner im Laufe der Zeit bald als „Fossil" erscheinen ließ (z. B. Forsthoff, Krüger), während sich die nachfolgende zweite „Schülergeneration" selbst in den Reihen der „Schmittianer" als flexibel erwies und nicht grundsätzlich an der Legitimität der neuen Verfassung mehr (ver)zweifelte. Ausnahme hiervon, so Günther, bildete nur die „Smend-Schule", die schon früh mit Blick auf Amerika zum „Westen" durchdrang und das neue Verständnis von pluralistischer Demokratie aktiv in den Fachdebatten und im Austausch mit der Politikwissenschaft (Ernst Fraenkel u. a.) zumeist gegen die „Schmitt-Schule" zu forcieren suchte. Das ist insofern erstaunlich, als dass die „Integrationslehre" von Rudolf Smend zur Weimarer Zeit entgegen der von Smend selbst rückwärtig betriebenen „Verklärung" gerade kein Hort liberal-demokratischen Verständnisses gewesen ist, sondern – nunmehr via „Integration" – ebenso fixiert war auf den „Staat" und das „Volk" als die die pluralistischen Interessensgegensätze verkleisternden „politischen Einheiten" von eigener Substanz. In diesem Punkt sowie in ihrer Gegnerschaft zum zumeist demokratisch ausgerichteten Positivismus war die Lehre Smends ursprünglich von der Schmitts ja gar nicht weit entfernt. Dennoch: Die „Integrationslehre", so Günther, erwies sich demgegenüber als anpassungsfähiger – bzw. so bliebe polemisch formuliert zu ergänzen: als inhaltsleerer –, sodass das

„neue Denken" leichter „integriert" werden konnte. Hinzu kam natürlich, dass Smend von seiner persönlichen Haltung her aus der Zeit der NS-Diktatur relativ unbeschädigt hervorging und sich schon von daher viel besser als Anknüpfungspunkt für eine neue „Staatslehre ohne Staat" eignete als die höchst kompromittierte „persona non grata" Carl Schmitt, der zusammen mit seiner ersten „Schülergeneration" auch gar keinen Anschluss finden wollte. Bemerkenswert ist, wie sich aus dem „innerschulischen" Briefwechsel auch hier in Fortführung der Haltung während der unmittelbaren Nachkriegszeit[7] eine gewisse persönliche „Kleinkariertheit" Schmitts bestätigt, die bei aller intellektuellen Größe diesen nicht zu dem von ihm selbst eingeforderten politischen Pathos finden lässt – nämlich zu der Haltung, dass der „Kampf" verloren ist.

In der Rekonstruktion dieser zeitgeschichtlichen Zusammenhänge ist Günthers Arbeit gut recherchiert und spannend zu lesen; seine Beweisführung und konkreten Schlussfolgerungen erfolgen immer „hart" am Archivmaterial. Eine Frage bleibt jedoch offen: Wie konnte die „Westernisierung" in der bundesdeutschen Staatsrechtslehre über die „Smend-Schule" unter völliger Ausblendung der Staats- und Demokratietheorie von Hans Kelsen erfolgen – wenn doch Schmitt und Smend ihre jeweiligen Verfassungslehren als Gegenposition zu Kelsen verstanden hatten und ausgerechnet das Grundanliegen einer „westlichen" Lehre von Verfassung und Gesellschaft schon in den 20er Jahre mit dessen Entontologisierung der Substanzbegriffe „Staat" und „Volk" längst erreicht war? Denn die von Günther in seinem letzten Kapitel gewählte Überschrift als Sinnbild einer am Pluralismus orientierten Verfassungstheorie der „offenen Gesellschaft"[8] war schließlich Kelsens Programm – nämlich die „Staatslehre ohne Staat"[9]; das ist angesichts des seit Ende der 80er Jahre in Form des „Neo-Etatismus" zurückkehrenden „Denkens vom Staat her" nicht ausdrücklich genug zu betonen.

Petra Otto: Die Entwicklung der Verfassungslehre in der Weimarer Republik, Frankfurt/M u. a. 2002

Die Bedeutung der Weimarer Staatsdiskussion um Hans Kelsen, Carl Schmitt, Rudolf Smend und Hermann Heller reißt nicht ab. Davon zeugen nicht nur allein die jüngsten zahlreichen in- und ausländischen Publikationen in Politik-, Rechts-

---

7 Vgl. Schmitt, Carl: Ex Captivitate Salus, 2. Aufl., Berlin 2002; Schmitt: Glossarium. Aufzeichnungen der Jahre 1947–1951, Berlin 1991.
8 Günther: Kap. „Ausblick: Staatsrechtslehre ohne Staat", S. 321 ff.
9 Kelsen: Der soziologische und der juristische Staatsbegriff. Kritische Untersuchung des Verhältnisses von Staat und Recht, 2. Neudr. der 2. Aufl. von 1928, Aalen 1981, S. 208; vgl. m. w. N. van Ooyen: Der Staat der Moderne, aaO.

wissenschaften und Philosophie. Ihre Bedeutung erschöpft sich auch nicht in der
rein ideen- bzw. rechtsgeschichtlichen Perspektive oder in der Rekonstruktion
von einflussreichen „Schulenbildungen" und Rezeptionslinien. Vielmehr wurden
im Verlaufe des sog. „Richtungsstreits" die bis heute zentralen Fragen von Politik, Verfassung und Gesellschaft in aller Radikalität erörtert – und zwar auf einem
brillanten intellektuellen Niveau, das offensichtlich immer noch fasziniert: Gesellschaft und Gemeinschaft[10], Sollen und Sein, Pluralismus und politische Einheit,
Mythos und Moderne, Technik und Aura[11], Demokratie und Diktatur, Rationalismus und Irrationalismus, Recht und Politik, Staat und Recht, Gott und Staat[12], Legitimität und Legalität, Staatslehre und Verfassungslehre usw. – die Reihe der zu
dieser Zeit erörterten Dualismen findet fast kein Ende. Sie umreißen das Grund-
problem des Politischen als das von Freiheit und Ordnung bezogen auf den Kontext des Zeitalters der „entzauberten" Moderne an der Bruchstelle von Prae- und
Postmoderne[13]. Und genau hierin liegt nach wie vor die Relevanz der Weimarer
„Staatsdiskussion" für den aktuellen Diskurs um Politik und Verfassung in einer liberal-demokratischen Gesellschaft.

Petra Otto hat in ihrer Potsdamer Dissertation nach einer kurzen Einführung zu Georg Jellinek und Hans Kelsen die Verfassungslehren von Schmitt und
Smend – unter Einbezug eines Exkurses zu Heller – in den Mittelpunkt ihres Interesses gestellt. Dies rechtfertigt sich aus der durchaus bemerkenswerten Tatsache,
dass Schmitt und Smend explizit Verfassungs- und nicht Staatslehren vorgelegt
haben[14]. Das ist ein interessanter Blickwinkel, weil beide Autoren im Gegensatz
noch zum Staatsbegriff von Max Weber, der Staatslehre von Georg Jellinek aber
auch noch der von Hermann Heller damit das Ende des Staates schon realisier-
ten – wenn auch „schmerzhaft", weil nämlich als Verlust empfindend der seit Hegel (und Hobbes) in der deutschen „Staatsontologie" vergötterten politischen Ein-

---

10   Vgl. schon Tönnies, Ferdinand: Gemeinschaft und Gesellschaft, Nachdruck der 8. Aufl.
     (1935), Darmstadt 1963.
11   Vgl. hierzu Benjamin, Walter: Das Kunstwerk im Zeitalter seiner technischen Reproduzier-
     barkeit, 4. Aufl., Frankfurt a. M. 1977.
12   Vgl. schon Bakunin, Michail: Gott und der Staat, Nachdruck, Grafenau 1998 sowie Kel-
     sen: Gott und Staat (1923); jetzt in: Ders., Staat und Naturrecht. Aufsätze zur Ideologiekritik,
     hrsgg. von Ernst Topitsch, 2. Aufl., München 1989, S. 29 ff.
13   Vgl. z. B. den Streit um Heidegger als Vordenker der Postmoderne; m. w. N.: Welsch, Wolf-
     gang: Unsere postmoderne Moderne, 4. Aufl., Berlin 1993.
14   Vgl. Schmitt: Verfassungslehre (1928), 8. Aufl., Berlin 1993; Smend: Verfassung und Verfas-
     sungsrecht (1928); jetzt in: Ders., Staatsrechtliche Abhandlungen und andere Aufsätze, Ber-
     lin 1955, S. 119 ff.

heit[15]. Kritisch bleibt an dieser Stelle einzuwenden, dass Kelsens „Staatslehre ohne Staat"[16], seine Auflösung des Staats in der pluralistischen Gesellschaft, die von der Verfassung zusammengehalten wird, schon der „hochpolitische" Durchbruch zu einer modernen Verfassungslehre gewesen ist, gegen die Schmitt und Smend in prae- (oder vielleicht doch schon post)-moderner Weise ja dann erst rebellierten. Ziel der Untersuchung von Otto ist die Frage, ob Schmitt und Smend das von ihnen selbst gesteckte Ziel einer Überwindung des Rechtspositivismus durch ihre Verfassungslehren zu erreichen vermochten. Dies wird, bezogen auf die zur Weimarer Zeit verfassten Schriften, anhand von drei zentralen Punkten einer Verfassungslehre durchgeprüft: Verfassung und politische Einheit, Wesen und Funktion der Verfassung, Verfassung und Legitimität. Dabei kommt die Autorin zu dem Ergebnis, dass es ihnen in historischer Perspektive gelang, das Verfassungsrecht gegen den rechtspositivistischen „Relativismus" zu „politisieren", dies aber für die Anforderungen an eine Verfassungslehre aus heutiger Sicht nur bedingt geeignet sei: „Weder Schmitt noch Smend (vermochten es), die Aufgaben, das Wesen und die Geltung der Verfassung an wertorientierte Gesichtspunkte zu binden" (S. 184). In diesem Sinne seien die jeweils tragenden Prinzipien von „Dezision" und „Integration" ebenso dem historischen Wandel und damit der Relativität verhaftet. Nun, das ist zunächst einmal insofern richtig zugleich aber nicht besonders neu – selbst angesichts der Dominanz von „Schmitt- und Smend-Schulen" in der deutschen Staatsrechtslehre nach 1945 und der im aktuellen politischen Diskurs in allen Bereichen positiv beschworenen, obwohl antipluralistischen „Integration". Man fragt sich daher – und diese Kritik müssen sich bei einer Dissertation vor allem die Betreuer vorhalten lassen – nach dem wissenschaftlichen „Mehrwert" der in der juristischen Rekonstruktion der Verfassungslehren durchaus ordentlichen Arbeit. Hier wäre doch etwa zu fragen gewesen, ob und inwieweit spätere Verfassungslehren, z. B. die des – von der Autorin selbst genannten – Weber-Schülers Karl Loewenstein[17], die fatalen Implikationen der Verfassungslehren von Smend, vor allem aber von Schmitt, haben überwinden können.

Zudem ergibt sich eine weitere, wohl hiermit zusammenhängende Problematik. Otto erkennt zwar die antipluralistischen und antiparlamentarischen Implikationen von „Gemeinschaft" bei Schmitt und Smend, die trotz der späteren Streitigkeiten ihrer „Schulen" im maßgeblichen Punkt der „politischen Einheit" auffallend

---

15 Zu diesen Traditionslinien selbst in der heutigen Staatsrechtslehre vgl. van Ooyen: Staatliche, quasi-staatliche und nichtstaatliche Verfolgung? Hegels und Hobbes' Begriff des Politischen in den Asyl-Entscheidungen des Bundesverfassungsgerichts, in: ARSP, 3/2003, S. 387 ff.
16 Kelsen, z. B.: Der soziologische und der juristische Staatsbegriff, 2. Neudruck der 2. Aufl (1928), Aalen 1981, S. 208; m. w. N. vgl. van Ooyen: Der Staat der Moderne, aaO.
17 Loewenstein, Karl: Verfassungslehre, Tübingen 1959.

übereinstimmen[18]. Denn zu Recht hält sie fest, dass beide verkennen, „daß eine moderne Verfassung nicht nur dann legitim ist, wenn sie auf die staatliche Totalität der politischen Einheit hin entworfen ist" (S. 182). Aber trotzdem kann sie auf der anderen Seite – mehrfach – betonen, dass „die Auffassungen Schmitts und Smends zu diesem Gebiet einen wichtigen Beitrag für die Lösung des Problems dar(stellen), wann staatliche Gewalt gerechtfertigt ist und die Verfassung eine legitime Grundordnung" (S. 183, vgl. auch mit Blick auf Smend S. 152). Eine solche Verharmlosung findet indes nur eine Erklärung: Die Arbeit – und das ist leider stellvertretend, ja fast paradigmatisch für eine ganze Reihe juristischer Abhandlungen in diesem Bereich – erliegt dem typischen, verengten Blickwinkel „rein" juristischer Beschäftigung mit einem Thema, das nur zur „Hälfte" rechtswissenschaftlich erschlossen werden kann, zum anderen Teil jedoch aus Ideengeschichte, politischer Philosophie und Theorie besteht. Ein Blick auf das Literaturverzeichnis der Arbeit bestätigt das. Die Nichtbeachtung fast der gesamten einschlägigen politikwissenschaftlichen Literatur wirkt sich bei solch „politischen Theologen" wie Schmitt und Smend eben fatal aus. Denn, um nur ein Beispiel zu nennen: Wie will man sonst die totalitären Implikationen der Schmittschen Verfassungslehre als Kampfmittel in einem antimodernen, „krypto-katholischen" „Kreuzzug" gegen den antichristlichen „Teufel" des Kelsenschen Positivismus begreifen?[19] (von der Bedeutung des Antisemitismus für sein Werk ganz zu schweigen)[20]. Nur mit der Unbekümmertheit von „reinen" Juristen/innen – und hier richtet sich die Kritik wiederum zuvörderst an die Betreuer eines solch verfassungstheoretisch komplexen Themas, das allein den „Staatsbegriff" von Hobbes und Rousseau über Hegel und Bakunin bis hin zu Weber umspannt (dazu die Pluralismus- und Totalitarismustheorien) – kann man das wohl einfach ignorieren. Gerade das aber hätte man im übrigen von diesen „Klassikern", die alle ideengeschichtlich/„politologisch" äußerst versiert waren, lernen können.

---

18 Insoweit hat Smend das tradierte Konzept der politischen Einheit allenfalls um einen dynamischen Aspekt erweitert; vgl. z. B. auch Böckenförde, Ernst-Wolfgang: Der Begriff des Politischen als Schlüssel zum staatsrechtlichen Werk Carl Schmitts; in: Ders.: Recht, Staat, Freiheit. Studien zur Rechtsphilosophie, Staatstheorie und Verfassungsgeschichte, Frankfurt a. M. 1991, S. 357, 364.

19 Vgl. z. B. Groh, Ruth: Arbeit an der Heillosigkeit der Welt. Zur politisch-theologischen Mythologie und Anthropologie Carl Schmitts, Frankfurt a. M. 1998.

20 Vgl. hierzu Gross, Raphael: Carl Schmitt und die Juden. Eine deutsche Rechtslehre, Frankfurt a. M. 2000.

Christoph Gusy (Hrsg.): Demokratisches Denken in der Weimarer Republik,
Baden-Baden 2000

Der Bielefelder Staatsrechtler und Verfassungsgeschichtler Christoph Gusy ist im
Bereich des Themas „Weimar" gleich durch mehrere einschlägige Monografien
zur Staatslehre und Verfassung bekannt[21]. Ihm ist dabei so mancher große Wurf
der Entzauberung politischer Legendenbildung gelungen[22]. Der von ihm herausgegebene, voluminöse Band „Demokratisches Denken in der Weimarer Republik"
ging aus einer gleichnamigen Tagung am dortigen Zentrum für interdisziplinäre
Forschung hervor. Der Sammelband überrascht positiv in gleich doppelter Weise.
Zum einen durch die gemeinsame Beteiligung von Politologen und Juristen, (die
wohl leider immer nur beim Thema „Weimar", selten dagegen bei aktuellen Dis-
kussionen um Politik und Verfassung gelingt). Andererseits schließt er nun wirklich eine Lücke: Nach zahlreichen Publikationen über antidemokratisches Denken
in Weimar – allein die Arbeiten zu Carl Schmitt lassen sich wohl nur noch von
ganzen Forscherteams überschauen – liegt nun endlich ein umfangreicher Band
vor, der eine Reihe der wenigen und viel zu selten diskutierten Repräsentanten demokratischer Staatslehrer in einer Art Kompendium bündelt.

Diese sind hier: Hugo Preuß (Autor: Kühne), Richard Thoma (Schönberger),
Gustav Radbruch (Poscher), Hans Kelsen und Hugo Preuß (Lehnert), Hermann
Heller (Schefold), Rudolf Smend (Lhotta), Gerhard Leibholz (Wiegandt), Max
Adler und Ernst Fraenkel (Buchstein).

Ergänzt wird dies um einen Aufsatz über Thomas Mann (Mehring) und
eine Reihe systematischer Beiträge, die die demokratische Kultur benachbar-
ter Wissenschaftsdisziplinen und die für Weimar zentralen Fragestellungen der
staats- und demokratietheoretischen Diskussion aufnehmen: Massendemokratie
(Llanque), Demokratisches Denken in der Geschichtswissenschaft (Wirsching), in
der Philosophie (Steinvorth), Weimarer Staats- und Demokratietheorie (Lepsius),
Parlamentarismus (Möllers), Parteienstaat (Rühl), Staatsrechtlehre und Verfas-
sungsnotstand 1932/33 (Korioth), Demokratie und Richtungsstreit (Boldt), Demokratisches Denken (Gusy; Schönberger) sowie ein abschließender und zusam-
menfassender Diskussionsbericht (Nitz).

Man mag durchaus darüber streiten, ob Smends „Integrationslehre" und auch
Leibholzens „Parteienstaatslehre" hier am richtigen Platze sind. Denn beide waren mindestens zur Weimarer Zeit einem antipluralistischen Konzept der politi-

21 Vgl. Gusy: Weimar – die wehrlose Republik? Verfassungsschutzrecht und Verfassungsschutz
    in der Weimarer Republik, Tübingen 1991; ders.: Die Lehre vom Parteienstaat in der Weima-
    rer Republik, Baden-Baden 1993; ders.: Die Weimarer Reichsverfassung, Tübingen 1997.
22 So der von der „wehrlosen Republik" Weimar, ebd.

schen Einheit verpflichtet – mit Nähe zu Schmitt und stellenweise fasziniert von der „Integrationsleistung", vom im „Duce" verkörperten „Volkswillen" des italienischen Faschismus[23]. Das aber wird von den betreffenden Autoren selbst kritisch-differenziert herausgearbeitet. Es ist zudem dienlich für das Verständnis des Kontrastes zwischen dem in der Weimarer Theoriediskussion vorherrschenden Rousseauschen Demokratiebegriff, der sich in der „acclamatio" des „plebiszitären Führerstaats" und dem Substanzbegriff des „homogenen Volkes" im „Freund-Feind-Pathos" eines Schmitt auf „Leben und Tod" zuspitzt, und der „Nüchternheit" „realistischer" und pluralistisch ausgerichteter Demokratietheoretiker, die immer wieder die Bedeutung von Verfahren in einer „offenen Gesellschaft" herausgestellt haben. Hervorzuheben bleibt in diesem Kontext daher die These von Christoph Möllers in seinem Beitrag über das Weimarer Parlamentarismus- und Institutionenverständnis, der den „immer noch gegen die Weimarer Epoche erhobene(n) Vorwurf eines formalistischen Verfassungsverständnisses" (S. 466) erheblich relativiert: Der „Glaube an Substanz" – und nicht der „reflektierte(r) Formalismus... von Kelsen bis Cassirer" – habe vielmehr „die Verfassung theoretisch und praktisch ausgehöhlt" (S. 467). Bei aller berechtigten Kritik, die an „Positivismus" und „Relativismus" geübt werden muss: Verfahren in klar strukturierten Institutionen – und der in einer politischen Kultur eingeübte, notwendige Respekt hiervor – gehören nun mal genauso zu einem geordneten Gemeinwesen, wie die „richtige" Definition und Balancierung von Freiheit und Gleichheit. Zu Recht hebt der Sammelband daher die in der deutschen Politik- und Rechtswissenschaft häufig völlig unterschlagenen, ja fast vergessenen demokratietheoretischen Leistungen von Thoma[24], Radbruch und vor allem Kelsen[25] hervor, die angesichts der Traditionsbestände in der „Staatslehre" aus deutscher Sicht bahnbrechend waren.

---

23 Z. B.: „Die große Fundgrube für Untersuchungen in dieser Richtung ist aber heute die Literatur des Faschismus"; Smend: Verfassung und Verfassungsrecht, aaO, S. 141; zu Leibholz vgl. z. B. Benöhr, Susanne: Das faschistische Verfassungsrecht Italiens aus der Sicht von Gerhard Leibholz. Zu den Ursprüngen der Parteienstaatslehre, Baden-Baden 1999.

24 Vgl. hierzu schon die Arbeit von Rath, Hans-Dieter: Positivismus und Demokratie. Richard Thoma (1874–1957), Berlin 1981.

25 Zu erinnern ist u. a. an Radbruchs Beitrag: Die politischen Parteien im System des deutschen Verfassungsrechts, in dem von Gerhard Anschütz und Richard Thoma herausgegebenen Handbuch des Deutschen Staatsrechts, Bd. 1, Tübingen 1930, S. 285 ff., sowie an Kelsens kompakte Demokratiebegründungsschrift: Vom Wesen und Wert der Demokratie, 2. Aufl. (1929), 2. Neudruck, Aalen 1981.

Textnachweise

Abdruck der Texte mit freundlicher Genehmigung der nachfolgenden Verlage

Die Integrationslehre von Rudolf Smend und das Geheimnis ihres Erfolgs in Staatslehre und politischer Kultur nach 1945
Aus: JoJZG, 2/2008, S. 52–57, Verlag De Gruyter
(gekürzte Fassung)

Der Staat als „Integration"?
Aus: Robert van Ooyen: Der Staat der Moderne. Hans Kelsens Pluralismustheorie, Berlin 2003, S. 192–202, Verlag Duncker & Humblot

Politiktheoretische Implikationen der Lehren von Kelsen und Smend
Aus: ARSP, 3/2007, S. 435–441, Verlag Franz Steiner
(gekürzte Fassung)

Der Bundespräsident: „Integrationsfigur" und Direktwahl?
Aus: JöR, Bd. 57, Tübingen 2009, S. 235–254, Verlag Mohr Siebeck,
sowie erweitert aus: Robert van Ooyen/Martin Möllers (Hrsg.): Der Bundespräsident im politischen System, Wiesbaden 2012, S. 111–130, Verlag Springer VS
(hier: kompilierte aber gekürzte Fassung)

„Integrationsfunktion" des Bundesverfassungsgerichts?
Aus: Robert van Ooyen: Der Streit um die Staatsgerichtsbarkeit in Weimar aus demokratietheoretischer Sicht: Triepel – Kelsen – Schmitt – Leibholz; in: van Ooyen/Möllers (Hrsg.): Das Bundesverfassungsgericht im politischen System, Wiesbaden 2006, S. 99–113 (hier: S. 111–113), Verlag Springer VS

sowie aus: Robert van Ooyen: Der Begriff des Politischen des Bundesverfassungsgerichts, Berlin 2005, S. 156–162, Verlag Duncker & Humblot

„Integration" im Föderalismus: von der „Bundestreue"
zum „unitarischen Bundesstaat"
Aus: Robert van Ooyen: Der Begriff des Politischen des Bundesverfassungsgerichts, Berlin 2005, S. 144–146, Verlag Duncker & Humblot

Demokratische Partizipation statt „Integration": normativ-staatstheoretische
Begründung eines generellen Ausländerwahlrechts. Zugleich eine Kritik
an der Integrationslehre von Smend
Aus: ZPol, 2/2003, S. 601–627, Nomos Verlag

Rezensionen

Mehring: Briefwechsel Schmitt – Smend
Aus: Portal für Politikwissenschaft (Online-Rezensionsportal: www.pw-portal.de)

Nothoff: Staat als „geistige Wirklichkeit"
Aus: Portal für Politikwissenschaft

Müller: Integration von Einwohnern
Aus: Portal für Politikwissenschaft

Boysen: Gleichheit im Bundesstaat
Aus: Portal für Politikwissenschaft

Henne/Riedlinger: Lüth-Urteil
Aus: Robert van Ooyen: Die Unhintergehbarkeit des Politischen in der Verfassungsgerichtsbarkeit; in: ZfP, 1/2009, S. 98–108 (hier: S. 107), Nomos Verlag

Günther: Schmitt- und Smend-Schulen
Aus: Robert van Ooyen: Der Staat – und keine Ende?; in: JöR, Bd. 54, Tübingen
2006, S. 151–166 (hier: S. 162–163), Verlag Mohr Siebeck

Otto: Verfassungslehre in der Weimarer Republik
Gusy: Demokratisches Denken in der Weimarer Republik
Beide aus: Robert van Ooyen: Rezension; in: ZfP, 4/2004, S. 472–476, Nomos
Verlag

The manufacturer's authorised representative in the EU is Springer
Nature Customer Service Centre GmbH, Europaplatz 3, 69115 Heidelberg,
Germany. If you have any concerns regarding our products, please
contact ProductSafety@springernature.com

Printed and bound by CPI Group (UK) Ltd, Croydon, CR0 4YY
                        23/04/2026
                   02095638-0003